墨香财经学术文库

"十二五"辽宁省重点图书出版规划项目

A Study on the Problems of

Equity and Efficiency of Education Supply in China

中国教育供给的公平与效率问题研究

王欣双 ◎ 著

东北财经大学出版社
Dongbei University of Finance & Economics Press

大连

图书在版编目（CIP）数据

中国教育供给的公平与效率问题研究 / 王欣双著. 一大连：东北财经大学
出版社，2016.6

（墨香财经学术文库）

ISBN 978-7-5654-2306-2

Ⅰ．中… Ⅱ．王… Ⅲ．教育-供给制-研究-中国 Ⅳ．G52

中国版本图书馆CIP数据核字（2016）第103817号

东北财经大学出版社出版发行

大连市黑石礁尖山街217号 邮政编码 116025

教学支持：（0411）84710309

营 销 部：（0411）84710711

总 编 室：（0411）84710523

网 址：http：//www. dufep. cn

读者信箱：dufep @ dufe. edu. cn

大连图腾彩色印刷有限公司印刷

幅面尺寸：170mm×240mm 字数：143千字 印张：10 插页：1

2016年6月第1版 2016年6月第1次印刷

责任编辑：李 季 责任校对：吉 美

封面设计：冀贵收 版式设计：钟福建

定价：36.00元

前言

　　教育是一国的立国之本，强国之路，教育的供给关系到一个国家人民的素质、经济的繁荣、国力的强大。根据萨缪尔森对公共产品的定义，教育是一种准公共品，其中基础教育具有更强的公共品属性，而高等教育具有更强的私人产品属性。中国的基础教育和高等教育在供给中存在的问题也是不同的。因此，研究教育的供给问题就必须把教育分为基础教育和高等教育两部分区别对待。

　　关于如何处理公平和效率的关系，福利经济学大致有三种观点：效率优先、公平优先、效率与公平兼顾。效率优先论认为自由竞争的市场机制能够产生效率，而强求平等会给社会带来福利损失。而且，在市场机制中，个人得到的分配是根据个人的努力程度而来的，因此，这种分配方式最公平。公平优先论认为政府应当干预收入分配，减少贫富差距，使其收入均等化。因为根据边际效用递减法则，随着收入的增加，收入带来的边际效用递减。在收入增加量相同的情况下，增加的收入给富人带来的效用较低，而给穷人带来的效用较高。效率与公平兼顾论认为追求效率就要以牺牲公平为代价，追求公平就要牺牲效率；既不应该公平优先，也不应该效率优先，而是要两者兼顾。本书认为，教育的公平和效率都很重要，但在基础教育阶段应当更加侧重公平，在高等教育阶段应当更加侧重效率。

基础教育是公共品属性较强的准公共品，具有很强的正外部性，因此，在供给时应当更加侧重公平。福利经济学认为，社会福利是个人福利的函数。由于边际效用递减，因此，更公平的资源配置会提高整个社会的福利。中国基础教育中存在的主要问题是教育供给不足，供给不均衡。目前中国在基础教育阶段实行九年制义务教育，以公立学校为主，私立学校为辅。基础教育经费主要由地方政府提供，中央投入相对较少。由于各地区经济发展状况差异较大，各地政府对教育的投入能力也有很大差异。不但省际基础教育支出差异很大，省内差异也很大。这就造成了中国在基础教育阶段教育供给的地区间差异较大、各级政府的教育经费投入不均衡、基础教育经费投入不足等问题。为了解决基础教育中存在的经费不足问题，国家先后出台了一系列政策并取得了一定成效，但由于一些地方政府资金不足而难以保证实施。为了在全国范围内更加公平地配置教育资源，应当由国家根据各地的经济发展状况分配教育经费，加大对贫困地区的资金投入。为了提高基础教育的质量和供给的效率，弗里德曼提出了教育券的思想。在基础教育阶段使用教育券来提高供给的效率，需要明确当地急需解决的问题，根据具体情况对教育券加以改进变通，不能生搬硬套。私立学校是公立学校的有益补充，为学生和家长带来了更多的选择空间，对于提高基础教育的效率也大有裨益。

高等教育是私人产品属性较强的准公共品，不但能为社会带来收益，更能够为个人带来如工资收入等更多收益，因此高等教育的成本应当由个人和政府共同分担。中国高等院校的办学经费曾一度完全由国家财政负担，甚至政府还出资补贴学生的生活开支，现在已逐步转为政府和个人共同分担。由于学费上涨，一些学生无法承担，造成高等教育的不公平。政府和社会各界需对这些学生提供学生贷款、奖学金、助学金等支持，间接降低高等教育的供给价格，使贫困学生获得公平的机会接受高等教育。由于高等院校的专业设置和社会需求脱节，近年来出现了大学生就业难的问题。为此应提高高等教育的供给效率，即根据社会对人才的需求设置学科专业，使高等教育资源得到更有效率的配置。国外许多名校都是私立大学，虽然学费比公立大学高很多，但由于教学质量很高，因此受到广泛的认可，值得中国借鉴。

本书旨在根据中国教育供给中存在的各种问题和不足，找出适合中国国情的教育供给模式，主要研究包括：基础教育和高等教育的供给为何对公平和效率有不同的侧重；中国的基础教育如何解决供给不足和供给不均衡的问题；基础教育如何提高资源利用效率的问题；高等教育实行成本分担制度之后如何减轻学生负担；如何提高高等教育供给效率；如何拓宽高等教育筹资渠道，增加高等教育经费；为何要发展私立学校等问题。

本书主要分为六个部分。第一部分在介绍本书的研究意义、选题依据的基础上，对中国教育目前存在的不足之处进行了概述。这一部分还对本书的研究对象和研究范围进行了界定，明确了一些主要概念的定义，同时也指出了本书的前提假定和研究方法，以及创新与不足。

第二部分回顾并介绍了国内外和教育供给相关的理论研究成果以及当前研究的现状，对公共产品理论、社会福利经济学、教育经济学等进行了简述和评论，重点介绍了公共产品理论和福利经济学，并结合教育的供给问题进行了初步的分析，为后面章节的进一步深入分析提供了理论基础。

第三部分是中国教育供给的发展历史与现状。这一部分首先列出了分析教育经费的几个指标，然后分别对中国基础教育和高等教育的供给状况进行了阐述和分析，并指出了当前中国教育供给中的不足之处。中国基础教育供给的主要问题是教育供给不足，地区间、城乡间、性别间教育供给不平衡。中国高等教育供给的主要问题是经费不足，缺乏办学特色，教学质量不高，不能满足社会对人才培养的需求。

第四部分是国外教育供给的经验及对中国的启示。这一部分对一些国家教育供给的经验进行了阐述，并指出其中值得中国借鉴的经验。

第五部分对教育成本、教育资金和教育筹资进行了分析，指出为了增加教育供给的绝对量需要通过多种方式筹集教育资金，并提出教育筹资的多种方式。

第六部分是中国教育供给和筹资方式的创新建议。针对基础教育供给不均衡的问题，提出应当将"县管教育"的形式转变为"中央拨款，地方管理"的形式，以保障基础教育供给的公平。根据福利经济学原理，基础教育需要保证公平，才能实现社会福利最大化。基础教育的效率问题主要通过发展私立学校和利用教育券来解决。对于高等教育经费不足和供求脱节的问题，本书根据供求理论分析了和高等教育相关的两组供求关系，并分析了它们之间的联系，指出高等教育对人才的培养需要以社会对人才的需求为导向，这样才能保证培养出来的人才能够被社会所需要，才不会浪费有限的教育资源。本书还阐述了在高等教育成本分担制度下，可以采取哪些方式减轻学生的经济负担，促进公平。最后，本书提出，一个国家要发展经济就必须发展教育，而发展教育必须根据该国当时的经济发展需要，不能盲目超前。中国各地经济发展状况不均衡，对教育的需求也不同，因而在不同地区发展教育的侧重点也应有所不同。

作　者
2016 年 2 月

目录

第 1 章　绪论

1.1　研究意义和选题依据

教育事业利国利民，功在千秋。对于社会，教育能够促进经济发展，保障社会和谐安定，推动知识进步。对于个人，教育能够提高个人在人力资本市场的价值，对家庭有益，提高个人品味和情操。但是，中国的教育供给还有不足之处，存在教育供给不足、教育供给不均衡等问题。

1.1.1　教育的社会收益

教育对社会有着诸多积极作用，能够促进经济发展，推动科学技术进步，还有利于保持社会安定。

首先，教育能够促进经济发展。经济增长是以国民经济总产值、净产值或者国民收入为标志的，包括物质资源、人力资源、货币资金的增长与合理配置。而经济发展则不仅包括社会经济增长，而且包括社会经济结构和经济制度的发展变化，即经济社会发展目标和实现目标的社会条件与经济条件。所以，揭示教育与经济增长的关系主要是阐释教育与国民经济各项主要经济指标之间的关系，即教育与国民收入增长率、社会总产值增长率的关系。影响国民经济增长率的因素有许多，如生产资料投入量、劳动投入量、劳动生产率，以及生产资料消耗率等。如果在生产资料投入量和劳动投入量既定条件下，劳动生产率越高，生产资料消耗率就会降低，从而促进国民经济增长，国民收入和社会总产值的增长率就会加快。教育投资是生产性投资。教育能够促进生产力的发展，促进人口与经济的良性循环，促进国民经济的可持续发展。

教育能够促进生产力的发展。第一，劳动生产率和劳动者的受教育程度密切相关，教育能够提高劳动者的生产效率。第二，先进的设备需要受过一定教育的人才能操作。第三，科学技术能够带动生产力发展，发明创造、先进的技术和设备、新工艺，还有科学技术的推广应用，无不需要教育。第四，教育还能提高经济管理水平，提高管理者的素质，实现决策科学化。因此，教育在社会经济增长中起着重要作用。

教育能够促进人口与经济良性循环。教育能够提高人口的素质，促进经济发展；还可以促进人口生育率的下降，减轻社会压力。通过培养非物质生产部门的人才，教育对生产力还起到了间接的推动作用。一般来说，受过教育的人具有责任感，能够客观理智地对待事物，促进家庭、单位人际交往的和谐发展。提高人们的受教育程度有利于提高社会文明程度，促进人口与经济的良性循环。

教育能够促进国民经济可持续发展。当前，中国的经济发展态势良好，但和一些发达国家相比，中国主要依靠低廉的劳动力生产劳动密集型产品获得目前的经济增长。为了实现经济的可持续发展，中国提出了科教兴国和可持续发展战略，要把劳动密集型经济模式转变为技术密集型经济模式。只有积极发展教育事业，提高人口的受教育水平，才能发展科学技术，实现国民经济的可持续发展。

其次，教育能够推动科学技术进步。科学技术是推动生产力发展的力量。科学技术是人类社会发展过程的结晶，教育使前人的智慧得到传承，并使后人能够站在前人的肩膀上继续发展科学技术，从而带动社会生产力的发展，提高人们的福利。在大学里，科研人员和教师通过科研课题不断取得新的科研成果，推动科学技术的进步。同时，推广科学技术，使之应用到实践中，也离不开教育的作用。

最后，教育有利于保持社会安定。教育能够提高人口素质，使人与人之间的关系更加和谐，这有利于促进社会安定。而且，教育是改变人们不平等地位的有效途径。通过促进教育公平，更多的人能够获得受教育权利，改变贫穷落后的生存状态，能够促进社会公平，有利于安定团结。

1.1.2　教育的个人收益

教育除了对社会有着诸多积极作用，对个人也能产生积极作用。教育能够提高个人在人力资本市场的价值，增加工资。接受过更多教育的劳动者能够从事更加高级、更为复杂的劳动，在同样的时间里能够比受教育较少的劳动者创造出更多的价值，因此，受过更多教育的人通常工资更高。受过更多教育的人通常具有更强的能力，因而有更强的职业适应性，拥有更多的就业机会。教育不但能为个人带来经济收益，还有助于家庭和谐，改善人们的健康条件，有利于对下一代的培养，对家庭有益。教育能够帮助人们更理性地思考问题，使人们掌握更多的生活技能，从而减少很多不必要的开支。受过更多教育的家长能够更好地辅导子女学业、帮助子女养成良好的生活习惯，其子女也更容易取得成就。教育还能提高个人的品味和情操，使人们更好地享受人生。教育能够帮助人们从不同的角度看待事物，对事物有着更深刻独到的见解，给生活带来更多乐趣。

1.1.3　中国教育供给中存在的问题

总体来说，中国的教育投入不足。和世界上许多国家相比，中国对教育支出的投入还很不足。1993 年中国就提出教育经费要占 GDP4%的设想，至今这一目标仍未实现。教育的有限供给无法满足人们对教育日益增长的需求。具体分析，基础教育和高等教育的主要不足是不同的。

基础教育供给的主要问题在于投入不均衡。第一，各地教育投入不均衡。中国幅员辽阔，地区间经济发展差异很大。当中央和省政府拨给县级政府不指定用途的财力性转移支付和专门用于教育的专项补助时，比较贫穷的县往往不会将很多财力性转移支付应用于教育，而是投入到其他项目上以解决目前的贫困状况。由于教育投入不足，这些县的校舍非常破旧，有些甚至是危房。此外，教师的工资非常低，而且还经常被拖欠。第二，城乡差距较大。大量农村家庭子女因贫困而失学的现象仍比较严重。由于经济发展落后的县里缺乏教育经费，只能将负担转移到学生和家长身上。贫困家庭儿童接受义务教育就不能外出打工，因此还存在隐性的机会成本，这就使得贫困家庭更加不愿意让孩子上学。第三，性别不平等。虽然基础教育阶段已经基本实现了男女受教育机会的公平，但不公平现象仍然存在，主要在农村比较明显。高等教育中的性别差异正在逐渐缩小，但从就业情况来看，女性仍然没有得到和男性平等的机会。

高等教育的主要问题在于供给和需求脱节。目前中国高校毕业生就业难已经成为一个比较严重的问题，究其原因是因为学生在学校学习的专业知识在实际工作中无法得到应用，大学毕业生的人数超过用人单位需要的人数。这一方面是因为中国人口众多，劳动力充裕，另一方面也是因为高等教育提供的专业课程不能满足社会对专业人才的需要。

1.2 研究对象

本书以教育供给为研究对象，主要研究中国基础教育和高等教育的供给情况。以下是本书中涉及的一些主要概念。

1.2.1 主要概念

教育是指在一定的社会条件下，依据社会的需要，有目的、有计划地对受教育者系统地教育和训练，开发其体力和智力的活动。

义务教育是根据法律规定，适龄儿童和青少年都必须接受，国家、社会、家庭必须予以保证的国民教育，其实质是国家依照法律的规定对适龄儿童和青少年实施的一定年限的强迫教育的制度。与其他教育制度和教育工作相比，义务教育有其自己的特征：

1. 义务教育具有国家强制性。国家强制性是指国家颁布法律、命令保证义务教育法律制度的实行，任何阻碍或者破坏义务教育实施的违法行为，都要受到法律的制裁。

2. 义务教育具有普及性。普及性是指全体适龄儿童、青少年，除依法律、法规规定办理缓学或免学手续的以外，都必须入学完成规定年限的义务教育。

3. 义务教育具有公共性。义务教育事业是由国家、社会、学校和家庭共同参与的全民受益的公共事业，国家代表社会对义务教育的实施进行统一的部署和监督管理。

4. 国家依法强制适龄儿童、青少年必须接受一定年限的义务教育，这一阶段的教育为适龄儿童、青少年将来继续受教育及参与社会生活提供了必要的社会及文化知识的基础。

5. 义务教育具有免费性。免费性是指国家对接受义务教育的学生免除其全部或大部分的费用。中国对接受义务教育的学生免收学费，只收取一定数额的杂费，这实际上免除了接受义务教育学生的大部分费用。

一个国家实施义务教育的年限长短和在全国范围内实现义务教育的时间长短，大体上由本国的经济发展水平和文化教育基础决定，此外，还受到劳动用工制度等其他因素的制约。中国义务教育法规定的义务教育年限为九年，这一规定符合中国的国情，是适当的。目前，中国的义务教育学制的实际情况是以"六三制"（即小学六年制，中学三年制）为主，多种学制并存。其中还有少数地区实行八年制的义务教育，即小学五年制，中学三年制，但这些地区目前也正在抓紧实现由八年制向九年制的过渡。

基础教育是一个动态的概念。目前中国事实上的基础教育，是指初中（含初中）以前的所有教育形式，狭义来讲指九年义务教育，广义来讲还应该包括家庭教育（简称家教，英文是 tutor）和必要的社会生活知识教育等。有人也把高中阶段的教育归入基础教育范畴，但是目前中国还没有普及这种类型的教育，所以，在事实上高中阶段的教育还不是基础教育。随着中国经济发展水平的提高，在不久的将来会基本普及高中阶段教育。中国目前在小学和初中阶段实行义务教育，在本书中，中国的基础教育即指义务教育，两者指的都是小学和初中阶段的教育。

免费教育是指学生入学无须缴纳学费，可以免费入学，免费接受教育。

从广义上说，高等教育是指一切建立在中等教育基础上的专业教育。高等教育是大学、文理学院、理工学院和师范学院等机构所提供的各种类型的教育，包括专修科教育、本科教育和研究生教育，其基本入学条件为完成中等教育，学完课程后授予学位、文凭或证书，作为完成高等学业的证明。高等教育形式多样，有全日制的和业余的，面授的和非面授的，学校形式的和非学校形式的不同层次和形式。中国的高等教育，就有高等专科学校、大学（教育机构）与学院、研究生院（班）和职工大学、函授大学、中央广播电视大学以及高等学校自学考试等等。最近几年出现了高等职业技术学院，也归属于普通高等教育范畴。本书中的高等教育主要指大学本专科教育，不包括研究生教育和函授教育等。

除了正规的学校教育之外，员工还可能在工作的时候接受在职培训。有时雇主会投资组织员工培训。虽然员工在培训期间可能会减少产出，但是培训会提高员工的劳动生产率，为企业做出更大贡献。有时员工会自己出钱参加培训。这可能会减少员工即期的收入，但是从长期来看，在培训期间获得的知识和技能会提高劳动生产率，能够胜任更高级别的工作，使长期收入得到提高。本书只研究正规学校教育，员工的在职培训不在研究范围之内。

教育投资又称教育投入、教育资本、教育经济条件、教育资源等，其含义是指一个国家或地区和单位，根据教育事业发展的需要，向教育领域内投入的人力、物力和财力的总和及其货币表现。

教育成本是指培养每名学生所支付的全部费用，即各级各类学校在校学生，在学期间所消耗的直接和间接活劳动与物化劳动的总和。

教育经济效率又称教育经济效力、教育投资效率、教育资源利用效率，其含义是指教育投入与教育产出之比，即在一定的社会条件下，为了取得同样的教育成果，教育资源占用和消耗的程度。

教育经济效益是指教育领域内劳动耗费同教育所得到的经济报酬在

数量上的对比，即把对教育的投资和这些投资所得到的国民收入进行比较，所得到的国民收入剔除教育投资的余额。

1.2.2　教育的供给、需求及其矛盾

教育供给是指在某一时期内，一国或地区各级各类教育机构愿意并且能够提供的受教育机会。广义的教育供给还包括非学校教育，如成人教育和在职培训等等。有效供给的形成必须具备两个基本条件：第一，生产者有出售的愿望；第二，生产者有供给的能力。教育供给是愿望与提供能力的统一，只有提供的愿望而没有提供的能力是不能算作供给的。教育机会主要由政府或企业等社会团体提供，由于教育所需的资源是有限的，教育的供给也是有限的。影响教育供给的因素有教师的供给、教育资源的供给、教育的单位成本、社会对教育的偏好等等。首先，教师的供给会影响教育的供给。学校教育通过教师进行，教师数量和质量都直接影响教育供给的质量和数量。提高教师的数量和质量会提高教育的供给量和供给质量。其次，教育资源的供给会影响教育的供给。教育资源指的是学校的校舍、设备、经费等资源，是教育供给的物质基础。教育资源如果缺乏，势必会影响教育的供给。在教育资源利用率一定的条件下，教育的供给取决于教育资源的投入。再次，教育的单位成本会影响教育的供给。教育的单位成本指的是生均成本，即培养一名学生在某级某类学校学习所需花费的全部开支。在教育投入总量不变时，教育的单位成本提高，那么社会能够提供的受教育机会就会减少。最后，社会对教育的偏好也会影响教育的供给。教育对社会有着种种益处，不但能够提高劳动者的生产率，从而推动经济增长，还能够保持社会稳定。一个国家如果重视教育，就会提高教师的待遇，从而吸引更多的优秀人才从事教育事业；就会增加对教育的资源供给，从而为教育提供良好的物质基础。世界上许多发达国家的繁荣都与其对教育的重视是分不开的。

教育需求是指社会和个人对教育有支付能力的需求。随着人们生活水平的提高，对教育的需求在质量和数量上都在不断提高。教育需求可以大致分为社会需求和个人需求。

教育的社会需求是指社会由于需要劳动力和专门人才而对教育有支付能力的需求。教育会给整个社会带来巨大的收益，为各行各业提供专业人才，促进社会的稳定和繁荣。社会越发达，科学技术越进步，社会分工越细，对教育的需求也越大。但是，社会对教育的需求并不是无限的。当某一类人才超出了社会需要的数量，就会产生失业。影响教育的社会需求的因素包括社会的人口状况、经济和科技发展水平、政策导向等等。一个国家的人口数量和人口构成情况决定着对教育的需求。如果人口众多，则对教育的需求较大。如果人口构成年轻化，则学龄人口所占比例较高，社会对教育的需求较大。不同年龄段比例的多少，也决定着与该年龄段相对应的那一阶段的教育需求的多少。经济和科学技术发展水平影响着社会对教育层次和类别的需求。社会经济越发展，对人们能力的要求越高，对教育的需求就越大。科学技术发展水平越高，越需要人们掌握更多的知识，对教育层次的要求越高。随着社会不断发展，技术不断更新，对人们的教育水平的需求也将越来越高。政策导向也影响着社会对教育的需求。政府能够通过经济手段或行政手段调整社会对教育的需求。比如，政府可以通过增加对师范教育的投资，对师范类院校的学生提供免费教育，增加人们对师范教育的需求。政府也能通过调整义务教育的年限长短影响人们对义务教育的需求。

教育的个人需求是指个人出于对未来知识、收入、社会地位的预期，在各种需求中进行选择，对教育有支付能力的需要。个人对教育的需求取决于多种因素，包括精神生活需求、物质生活需求、社会地位需求等等。教育能满足人们的精神生活需求。教育能够满足个人的求知欲望、充实精神生活、提高生活质量。人们越来越意识到教育对精神生活的作用，因而对教育的需求也日益增加。教育能满足人们的物质生活需求。教育能够使个人获得更多的就业机会，更高的收入和福利，受教育程度高的人往往能够享受更优裕的物质生活。为了获得更好的生活条件，人们会尽可能多地接受教育。教育能满足人们的社会地位需求。教育除了能给人带来精神和物质上的满足，也能够提升个人的社会地位。在市场经济条件下，社会地位是不能世袭的，个人需要依靠自己的努力，通过接受良好的教育提升自己的社会地位。此外，不但受教育者本人对教育有需求，家长对子女的教育也有需求，而且通常家长对子女的教育需求更加强烈。教育能为个人带来各种收益，但人们除了对教育有需求之外，还有其他方面的需求，需要在教育需求和其他需求之间做出选择。影响个人教育需求的因素有个人的天赋能力、家庭的社会经济背景、学杂费的高低、个人对未来教育收益的预期等等。天赋能力高的人有能力接受更高层次的教育，对教育的需求较大。天赋能力较低的人接受更高层次的教育需要付出更多的时间和精力，付出和回报不成比例，因而对教育的需求较少。经济条件较好的家庭支付子女的教育费用不会影响家庭的生活质量，因而对子女的教育需求会较大。尤其是非常富裕的家庭，更有能力将子女送去私立学校或者出国留学。而另一方面，大批失学儿童无法就学的重要原因就是家庭无力承担教育带来的直接成本和间接成本。家庭对教育的观念也影响着对子女教育的需求。重视教育的家庭对教育的需求更大。学费的高低也影响着人们对教育的需求。义务教育之后的阶段，学费的高低对低收入家庭的教育需求有很大影响。学费越高，低收入家庭对教育的需求就越小。个人教育的未来收益就是个人教育投资收益率。人们对教育有需求的主要原因是教育能为个人带来经济收益，这种经济收益即期无法获得，必须在教育过程结束之后，工作的时候才能体现出来，因此是一种预期的收益。如果人们对教育的未来收益有较高预期，那么对教育的需求就会较大。这些因素对个人教育需求的影响是相互交叉的，例如，学杂费提高对低收入家庭的影响很大，对经济条件较好的家庭影响不大；再如，经济条件较好的家庭如果不重视子女的教育，对教育的需求也不会很大。

教育的供求矛盾是指教育的供给和需求之间出现差异而产生的矛盾。这是由于社会和个人对教育的需求变化较快，而教育的供给随之变化的周期较长导致的。在很多国家，教育的供给都难以满足社会和个人的需求。这是因为教育资源具有稀缺性，教育的供给是有限的，而对教育的需求相对较大。但个人和社会对教育的需求并非无限，例如，一个人能力有限，不愿意继续升学深造；或者由于家庭贫困，个人对教育的有效需求也会很有限。再如，社会上的一类人才的人数超出了用人单位的需求，就会造成这类人才难以找到合适岗位的情况。除了教育供给在

"量"上存在矛盾，在"质"上也存在矛盾。这主要是指学校提供的教育内容与社会脱节，培养出的学生在毕业后无法学以致用。具体表现是目前众多高等教育毕业生难以找到适合自己的工作，在学校中学习到的技能和知识并不是社会需要的。

1.2.3　教育供求的市场调节和政府调控

教育的供求矛盾可以采取市场调节、政府调节、政府和市场相结合调节几种方式。市场调节是指通过价格（即学费等）来调节教育的供给和需求。学费上涨，教育的供给增加而需求减少；学费降低，教育的供给减少而需求增加。亚当·斯密认为："（人）受着一只看不见的手的引导，去尽力达到一个并非他本意想要达到的目的……他追求自己的利益，往往使他能比在真正出于本意的情况下更有效地促进社会利益。"一方面，市场供求关系这只"看不见的手"推动着教育的供给方为了吸引生源而努力改进教学方式、提高教学质量，为了降低成本而合理配置资源。同时，在定价的时候，投资办学者也会根据成本利润和供求关系合理定价，避免招收不到学生。在供求关系这一"看不见的手"的指引下，投资办学者在追求利润最大化的同时，也在为求学者和社会做出贡献。另一方面，教育的供求关系也受到人力资本市场的影响。当社会对一种人才的需求增加时，就会通过这类人才待遇的提高影响更多的人接受这方面的教育和培训，从而影响对这类教育的需求。

但市场机制也存在弊端。市场机制虽然能够通过价格调整供求关系，但是对于教育这种特殊的服务，单靠市场机制调节可能会造成供不应求的情况。比如，基础教育如果单靠价格来调整供求关系，就会使大量家庭贫困的学龄儿童失去求学机会，这不利于社会的稳定，也不能促进社会的平等。基础教育属于社会福利，在很多国家都通过义务教育的形式加以普及，实行免费教育，除了私立学校之外，中小学对学生不收取学费，自然也就无法利用价格来调整供求。市场机制在中小学阶段仅仅对私立学校能起作用。高等教育虽然是收取学费的，在一定程度上是可以用学费来调节供求关系的，但是学校的学科建设、基础设施建设都需要较长的周期，对市场的反应会比较迟缓。而且，有些学科被社会需要，而为个人带来的经济收益却很有限。这样的学科即使学费较低，也不会有很大的私人需求。由此可见，利用市场机制调节教育的供求关系既有利，也有弊。

第二种方式是通过政府调节。提供和管理教育是政府的重要职能之一，政府理应调节教育的供求关系。政府的调节手段主要有：为教育的供求双方提供信息、制定和调整教育规划、对教育机构的财政拨款、必要的行政手段。但如果政府调节过多，则不利于教育的供求平衡。

第三种方式是政府调节和市场相结合。教育属于准公共品，基础教育的公共品属性较强，更接近公共产品；而高等教育更接近私人产品。在调节基础教育的供求关系时，应当以政府调节为主，辅以市场调节。在调节高等教育的供求关系时，应当加大市场调节的力度，通过价格机制调节供求。

本书的研究对象是基础教育和高等教育的供给，既包括教育的政府供给，也包括教育的私人供给。本书对基础教育和高等教育的供给进行研究，分析这两个阶段教育的性质有何异同，探讨国家应如何对这两个层级的教育投入加以侧重，并对两个阶段教育的私人供给进行评述。其中基础教育指的是小学和初中的义务教育，高等教育指的是正规的公立大学或私立大学的本科教育。本书对教育供给的范围界定：一是在宏观上，研究政府如何筹措资金和其他教育资源，并通过合理的制度安排，吸引社会资金进入教育领域；另外，如何通过政府管理和市场机制合理分配资金和其他教育资源，提高效率，促进公平。具体包括发展基础教育，尤其是向贫困家庭子女提供教育和资助以促进公平；合理安排高等教育的学科设置，提高教育供给的质量和效率以适应社会发展的需要；鼓励发展民办教育，对民办学校给予补贴，对企业和个人的教育捐赠予以税收优惠等等。二是在微观上，从教育组织的角度，研究教育组织如何进行筹资活动，促进教育组织的发展。

教育供给离不开资金。政府和教育组织都需要筹集资金来兴办教育。教育筹资的主体有两个，一个是政府，另一个是教育组织。政府的职责是资金筹措和制度安排，目标是促进整个国家教育的发展。教育组织的职责是在既定的制度下，通过一定的资金来源渠道，通过一定的方式获取资金，促进自身的发展。

1.3　研究方法、创新与不足

教育经济学的基本研究方法是用经济的视角观察教育发展中出现的各种问题，并利用经济学原理寻求解决问题的方案。本书的主要研究方法包括规范研究和实证研究相结合，宏观研究与微观研究相结合，归纳方法和演绎方法相结合。

规范研究和实证研究相结合。这是科学研究的两种基本研究方法。实证研究是一种以既定的社会行为为前提，分析和预测在这种前提下所产生的社会现象之间的相互作用，不断变化的过程的方法。实证研究回答的是"是什么"的问题，是对客观事实的描述。规范研究是以一定的价值判断作为出发点，提出行为的标准，并研究如何才能符合这些标准。规范研究回答的是"该怎样"的问题，根据特定的价值取向研究应当如何改变现实。实证研究和规范研究的区别在于一个是对客观事实的客观描述，一个是对客观世界的主观意图；两者又有联系，规范研究要以实证研究为基础，实证研究离不开规范研究的指导。本书采用了大量的统计数字和图表，并对数据进行了分析研究，对中国的教育供给现状和发展中的问题进行了比较客观的描述，在"是什么"的基础之上，提出"该怎样"的建议，提出中国教育供给中可以采取的改进措施。

宏观研究与微观研究相结合。宏观分析法是从国家经济总体上研究教育与经济的关系。微观分析法是从某个学校的教育过程与经济运行过程中研究教育经济问题。在计划经济时期，教育经费基本上全部由国家供给，教育筹资主要是宏观问题。随着中国经济体制改革和教育体制改革的不断深入，教育经费来源日益趋向多元化格局。目前财政性教育经费占教育经费总额的比重已经下降到了60%，很多学校都不同程度开展了自主筹资活动，许多地方还出现了私立学校，因此，教育筹资已经变成了一个既具有宏观特性，又具有微观特性的问题。

归纳方法和演绎方法相结合。归纳和演绎是人们对客观现实的两种认识方法。归纳是从对个别事物的考察中找出一般规律；演绎是根据已知的原理，推断某个该类别事物的特殊情况。本书将归纳和演绎两种方法结合起来，从国内外教育供给的实践中归纳出一般规律，同时又将教育供给的一般规律加以演绎，为中国教育的供给政策和策略提出建议。

此外，本书还采用经济分析法，对社会经济现象进行比较分析、平衡分析和综合分析；采用数量分析法，对教育方面的数据进行描述、分析、测量、对比、计算，找出其中的联系，从量的角度揭示教育与经济之间的联系及活动规律。本书也采用比较法，比较中国各层次的教育供给状况，指出其共同点和不同点，并根据具体情况提出解决方法；比较中国各地区的教育供给状况，说明各地教育供给状况不同的原因，提出促进各地教育均衡供给的方法；将中国的教育供给状况和其他国家的情况加以比较，从而找出适合中国国情的国外的做法加以借鉴。

本书将基础教育和高等教育进行了比较，首先，指出基础教育和高等教育都属于准公共品，基础教育是公共品属性更强的准公共品，而高等教育是私人品属性更强的准公共品。然后，对基础教育和高等教育供给中的公平和效率问题提出了自己的见解。根据福利经济学原理，基础教育的供给应当以公平为主，兼顾效率。根据供求理论，高等教育的供给应当以效率为主，兼顾公平。结合中国的实际国情，本书提出了解决中国教育供给问题的具体建议。

中国基础教育面临的主要问题是供给不均衡。为了保障公平，基础教育应当以政府供给为主，私人供给为辅。在政府提供基础教育方面，应当以中央政府拨款为主，这样才能确保全国各地基础教育都能获得充足的经费，有利于公平。为提高教育资源的配置效率，可以采用教育券，但必须根据具体需要灵活运用。私立学校为公立学校提供了良好的补充，也是提高基础教育供给效率的一种手段。

中国高等教育面临的主要问题是高等院校对人才的供给和社会对人才的需求脱节，造成教育资源的浪费。为了提高效率，高等院校应当根据社会对人才的需求设置专业，培养适应社会经济发展的人才。本书还提供了筹集教育经费的建议，例如，发行教育债券、教育彩票、股票进行项目融资，设立教育基金，利用外资等。在促进高等教育公平方面，本书提出利用价格歧视对贫困学生提供奖学金、助学金、助学贷款等帮助，并提出了具体的实施建议。

由于时间紧促，作者没有进行实地考察，因而缺乏第一手的数据资料。另外，本书仅从宏观和微观角度提出教育供给方面的建议，没有提供具体的微观实例。

第 2 章 相关理论和文献综述

和教育供给相关的理论有公共产品理论、社会福利经济学理论和教育经济学理论等等。公共产品理论指出了教育的产品属性，为后面的分析奠定了基础。福利经济学对公平和效率进行了详细的分析，为本书研究中国教育供给的公平和效率问题提供了理论依据。教育经济学是采用经济学的方法研究教育中存在的问题，本书的研究也属于教育经济学的内容。

2.1 公共产品理论

公共产品理论是公共经济学理论的重要组成部分。经过萨缪尔森、布坎南等经济学家的研究，对公共产品的界定、特征、分类及其生产和提供方式作了深入的探讨，已经发展出一套比较完备的有关公共产品的理论体系。公共产品理论将整个社会产品分为公共产品和私人产品两大类。公共产品也称公共商品、公共物品或公共品。美国经济学家保罗·萨缪尔森（Samuelson，1954）在发表的《公共支出的纯粹理论》一文中最早对公共产品做出了较严格的定义："纯粹的公共产品或劳务是这样的产品或劳务，即每个人消费这种产品或劳务不会导致别人对该种产品或劳务消费的减少。"这一描述成为经济学关于纯粹的公共产品的经典定义。

2.1.1 公共产品的定义及其特征

为了辨别公共产品和私人产品，公共经济学家将保罗·萨缪尔森的定义加以引申，提出了公共产品区别于私人产品的三个特征：消费的非竞争性、效用的不可分割性和受益的非排他性。其中，效用的不可分割性实际上是受益的非排他性的延伸，因此，公共产品区别于私人产品的特征被进一步归纳为两点：非竞争性和非排他性。

消费的非竞争性。对私人产品而言，一个人消费了某一产品，别人就无法再消费；公共产品则不同，公共产品一旦提供出来，任何消费者对公共产品的消费都不影响其他消费者的利益，也不会影响整个社会的利益。张学敏（2004）认为消费的非竞争性包含两方面的含义：

（1）公共产品的边际生产成本为零。即新增加一个消费者，对供给者而言，无须追加成本。海上灯塔就是典型的公共产品，增加一艘船经过附近海域得到指引并不需要追加任何生产成本。

（2）公共产品的边际拥挤成本为零。即每个消费者的消费都不影响其他消费者的消费数量和质量。如不拥挤的桥梁、非满载的火车车厢等。

受益的非排他性。公共产品与私人产品相区别的另一特性是受益的非排他性。一个人在消费公共产品时，无法排除其他人也同时消费这类产品，而且即使你不愿意消费这一产品，你也没有办法排斥，或者这种排除在技术上可行，但费用过于昂贵而使得排除没有意义，从而实际上也是非排他的（王静，2006）。非排他性公共产品的典型案例是国防。一旦形成了国防体系，提供了国防服务，即使拒绝为国防费用纳税的人，也仍然处在国家安全保障的范围之内。

由于公共产品具有消费的非竞争性和受益的非排他性，很难避免"搭便车"的情况，即某些人虽然参与了公共产品的消费，但却没有支付其生产成本的现象。因此，公共产品一般都由政府或公共部门提供，享用者可以不付费或少付费，或通过纳税集体付费。私人产品则不同，它具有受益的排他性，人们愿意为之付款，因此可以由私人企业生产，并交由市场来调控。

也有一些经济学家从公共产品的"公共"出发定义了公共产品的三特性——非竞争性、非排他性和外部性。迈克尔·麦金尼斯在《多中心体制与地方公共经济》中提出了公共产品三特性中的外部性定义。外部性是指"在公共产品消费上，交易的间接后果影响非直接相关的其他人"，也就是说，对某一公共产品投入的成本与其收益不对称，因为公共产品的供给往往是非盈利性的，其受益范围超出供给的有限范围时，这种外部性表现得最明显。由于公共产品供给外部性存在，某些公共品的消费会出现外溢现象，产生搭便车心理，而导致资源配置不合理。

2.1.2　准公共产品

依据消费的非竞争性和受益的非排他性来区分公共产品和私人产品在理论上是可行的，但在现实中，完全具备两个特征的公共产品并不多见。如果将完全具备以上两种特性的产品称为纯公共产品，完全不具备的称为纯私人产品。在纯公共产品与纯私人产品之间，散布着无数的处于中间状态的混合产品，这被称为准公共产品，它既带有公共产品属性、又带有私人产品特性，既具有竞争性和排他性但又不充分。张兴祥（2005）将准公共产品与纯公共产品、纯私人产品三者的关系用图2-1来描述。

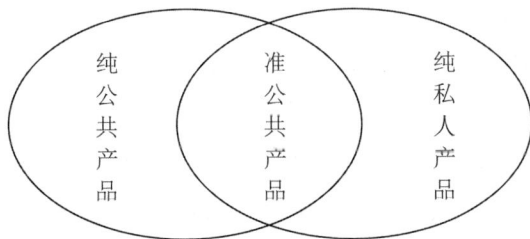

图2-1　准公共产品与纯公共产品、纯私人产品之间的关系

公共物品既包括"纯公共产品"，"也可以包括'公共性'从0到100%的其他一些商品和服务"（詹姆斯·布坎南），即准公共物品。根据公共物品是否兼有使用的非排他性和非竞争性，可以将其分为纯公共

品和准公共品。纯公共物品的例子有国防、基础研究等；准公共物品根据具体属性的不同，又分为拥挤性产品、俱乐部产品、自然垄断物品等。有些准公共品随着使用人数的增加，由此提供的公共服务质量将会出现下降，形成被称为"拥挤"的部分竞争现象，如果这些准公共品具有部分的排他性，则称拥挤性产品，如道路、社区水利设施、社区绿地和公共公园等；如果这些准公共品具有比较完全的排他性，则称俱乐部产品，如游泳池、大剧院、公共图书馆、收费的高速公路和桥梁等；还有一些准公共品，具有使用的排他性但不具有使用的竞争性，被称为自然垄断物品，如有线电视和不拥挤的收费道路等。一般而言，纯公共品主要由政府公共部门来提供，而准公共品的供给则可以采取如下形式：政府直接经营、政府通过补贴和税收手段提供给私人、鼓励民间采取增加供给的行动、赋予某种形式的权利及这些方式的组合选择等。

2.1.2.1　教育的准公共品属性

关于教育是公共产品还是私人产品，在国外和国内，学者们都有着不同的看法。例如，在国外学者中，詹姆斯·布坎南认为基础教育是准公共产品。英国经济学家安东尼·阿特金森和美国经济学家约瑟夫·斯蒂格利茨则认为教育是私人产品。他们认为，多一个学生产生的教育边际成本大致等于平均成本，至少在大的学区是这样。而且为教育服务向私人收费没有任何困难。教育通常由政府提供，这是因为政府提供教育比较有效率，而不是因为教育是公共产品。

国内学者的观点也不尽相同。一些国内学者认为基础教育是一种公共产品。厉以宁（1999）认为义务教育（就中国目前的情况而言，义务教育相当于基础教育）是具有纯公共产品性质的服务，义务教育由政府提供，但接受义务教育服务的人不直接付费，而是需要通过纳税等途径支付费用。王善迈（2000）认为义务教育在一定意义上是一种公共产品，义务教育用法律规定了受教育者家长和政府之间的权利和义务。义务教育实际上是一种强制性的免费教育，通常应当由政府提供。

也有国内学者认为基础教育是一种准公共品。袁连生（2003）认为教育具有部分的非竞争性，部分的非排他性，是一种准公共品。

从直接消费看，教育具有竞争性和排他性。增加一个学生，会降低原有学生得到的教育服务水平，如平均受教师关注的程度会降低，生均校舍面积、图书、仪器等教育资源会减少，因此教育具有竞争性。学校在技术上完全有能力将教育的消费者（如不付费者）排除在学校或教室之外，因此教育具有排他性。

从间接消费看，教育具有部分的非竞争性和非排他性。教育使受教育者个人获得的收益他人不可分享，因而具有竞争性和排他性；教育带来的社会经济利益，全体社会成员都可受益，对社会而言增加消费者的边际成本为零，也无法排除其他成员得到这种利益，因而没有竞争性和排他性。所以，教育的间接消费具有准公共产品的性质。

曹淑江（2004）认为教育是一种混合产品，不同阶段的教育根据其外部性程度的不同，义务教育更接近于公共产品，高等教育更接近于私人产品。他认为教育消费不是学生接受教育服务的过程，而是毕业后在工作中发挥教育形成的人力资本的过程。

本书认为，教育的过程指的是学校提供教育服务，学生接受教育服务的过程。在这一过程中体现的是教育的供求关系，教育服务的供给方是学校等教育组织，需求方是学生及其家庭，供求的对象是教育服务本身。

学生在接受教育服务之后，形成人力资本，在工作中发挥出来。接受教育水平较高、质量较好的员工比接受教育水平较低、质量较差的员工创造出的价值更大，这是教育起的作用。在提供生产或服务的工作中体现的是人力资本的供求关系，提供人力资本的是员工，需求方是企业，需求的对象是人力资本。

萨缪尔森对公共产品的定义是："纯粹的公共产品或劳务是这样的产品或劳务，即每个人消费这种物品或劳务不会导致别人对该种产品或劳务消费的减少。"严格符合这一定义的产品很少，教育就不完全符合这一定义。在学校的学生人数低于额定负荷的时候，多一个学生听讲是不会导致其他学生少学到知识的。但是，当学校的学生人数超出负荷时，多一个学生就会造成教室拥挤、教学设备不足等现象，影响原有学生的学习效果。

根据公共产品理论，公共产品具有非排他性和非竞争性两大特征，这两大特征是判定一种产品是公共产品还是私人产品的衡量标准。很多产品只具备非竞争性或非排他性，或者非竞争性和非排他性不完全，这种产品被称为准公共品。

学校教育在学生人数较少的情况下，具有一定程度的非竞争性；然而，学校的教育资源是有限的，当学生人数超过一定限度就会产生拥挤，在这种情况下又具有一定程度的竞争性。如果学校不愿意招收某个学生，很容易就能够将其拒之门外，尤其是高等教育目前大都实行收费制度，学生需缴纳学费方可入学，因而具有排他性。因此，无论是基础教育还是高等教育，都属于准公共品。

虽然基础教育和高等教育都属于准公共品，但它们公共性的强度是不同的。基础教育更接近公共产品，而高等教育更接近私人产品。这是因为基础教育和高等教育的竞争性和排他性的强弱存在差异。

首先，从竞争性来看，基础教育的竞争性较弱，高等教育的竞争性较强。竞争性是指一个人消费了某一产品，别人就无法再消费。教育具有竞争性，这是因为在受教育的人数达到学校容量极限的时候，每增加一名学生，就会影响其他学生获得的教育服务的质量。尤其是高等教育，由于各学院各专业录取人数的限制，录取一批学生就意味着另一批学生无法被录取。从整个受教育者群体来说，接受基础教育的机会要大大超过接受高等教育的机会，因而社会对基础教育的学生容量要大于高等教育。大多数国家都在基础教育阶段实行义务教育，不会出现一名学生入学就意味着另一名学生必须退学的情况，因此竞争性较弱；而高等教育的容量较小，因此竞争性较强。

其次，从排他性来看，基础教育的排他性较弱，而高等教育的排他性较强。非排他性是指一个人在消费公共产品时，无法排除其他人也同时消费这类产品，而且即使你不愿意消费这一产品，你也没有办法排斥。在技术上，基础教育和高等教育同样能够实现排他；但是在制度上，基础教育的非排他性较强，高等教育的非排他性较弱。在大多数国家，基础教育基本上都属于义务教育，一方面国家为每一个学龄儿童提供接受义务教育的机会；另一方面公民也有义务接受义务教育。高等教育则不然。至少目前国家还不可能为每一个人提供接受高等教育的机会；而且，公民自己可以自行选择是否要接受高等教育。虽然从技术上来说，基础教育的学校可以将学生拒之门外，但是从制度上来说，这是违背义务教育的政策的；另一方面接受义务教育是公民的义务，公民即使不愿意接受义务教育也要接受。因此，基础教育的非排他性较强，排他性较弱。而对于高等教育，将学生拒之门外不但从技术上来说是可行的，从制度上来说也是可行的。只不过当一名学生满足招生条件，而且学校还有名额时，学校通常是不会将其拒之门外的。接受高等教育也不是每一个人的义务，而是个人的自由，并不像义务教育那样不愿意消费也必须接受。因此，高等教育虽然具有一定非排他性，但是非排他性不强，而排他性较强。

根据上面的分析，基础教育的竞争性和排他性较弱，而高等教育的竞争性和排他性较强。因此，虽然都是准公共品，基础教育的公共品属性较强，而高等教育的私人产品属性较强。

2.1.2.2　教育的外部性

在确定了教育的准公共品属性之后，再从外部性的角度来看教育的供给问题。是否具有外部性并不是判定一种产品是否属于公共产品的判断标准，但是外部性会影响一种产品的供给。通常来说，当一种产品具有正外部性时，往往会供给不足；而当一种产品具有负外部性时，往往会供给过多。

基础教育对个人和社会都有益，普遍认为社会收益大于个人收益。基础教育的外部性一方面体现在受教育者在工作中将所受教育转化为人力资本，在使个人获得工资的同时，也在为社会做出贡献；另一方面，更重要的是，基础教育能够提高受教育者的个人素质，在生活中能够更理智地处理人际关系，使社会更加和谐安定；教育能够提高个人的收入，促进教育公平能够提高贫困家庭的生活水平，促进社会公平。

高等教育对个人对社会都有益，普遍的观点是个人收益大于社会收益。在英国，Dutta 等人（1999），Greenaway 和 Haynes（2000）根据年龄-收入资料，计算出大学毕业生平均一生要比非大学毕业生多挣 41万英镑。Dutta 等人（1999）根据 1995 年收入调查报告分析，高等教育的私人收益率估计达到 17%。

高等教育对社会有很多积极的作用。接受过高等教育的人通常更加积极地参与社会活动，有更强的自控能力。发展高等教育还有利于减少犯罪，保持社会稳定，促进社会和谐。从经济角度来看，大学毕业生的收入比非大学毕业生的多，这意味着他们缴纳的税金通常也更多。他们往往更加重视健康，这对社会经济发展也是非常有利的。Steel 和 Sausman（1997）根据 1989—1995 年的数据计算出，在英国，全体大学毕业生平均起来，本科学位的回报率为 11%。Layard 等人（2002）采用 1997 和 1998 年的劳动力调查估计出职业和学术方面的社会回报率，认为本科学位的社会回报率为 9%。

2.1.3　公共产品的供给问题

2.1.3.1　林达尔均衡

1919 年产生的林达尔均衡是公共产品理论最早的成果之一。林达尔认为公共产品价格并非取决于某些政治选择机制和强制性税收；与此相反，每个人都面临着根据自己意愿确定的价格，并按照这种价格购买公共产品总量。处于均衡状态时，这些价格使每个人需要的公用产品量相同，并与应该提供的公用产品量保持一致。因为每个人购买并消费了公用产品的总产量，按照这些价格的供给恰好就是每个人支付价格的总和。林达尔均衡使人们对公共产品的供给水平问题取得了一致，即分摊的成本与边际收益成比例。总之，林达尔均衡指个人对公共产品的供给水平以及它们之间的成本分配进行讨价还价，并实现讨价还价的均衡。1969 年，萨缪尔森对林达尔均衡理论提出了批评，他指出：因为每个人都隐瞒其真正边际支付愿望，所以林达尔均衡产生的公共产品供给均衡水平将会远低于最优水平。

2.1.3.2　市场失灵与政府的作用

六种市场失灵导致市场无法实现帕累托效率。这六种分别是：不完全竞争、公共物品、外部性、不完全市场、不完全信息和失业等其他经济因素。教育，尤其是基础教育，具有很强的公共品属性，因而单纯依靠市场供给会导致市场失灵。市场要么不提供公共物品，要么提供不足。营利性私立学校为了使利润最大化，不会向社会提供足够的教育服务；况且，私人也不具备在基础教育阶段提供义务教育的实力。教育，尤其是基础教育，同时也具有很强的正外部性，不但对受教育者本身有益，对整个社会都是有益的。由于个人不能享受教育正外部性的全部利益，因此对教育的投入会过少。比如，在贫困农村，家庭可能会为了减少开支而放弃让子女就学的机会，从而导致对教育的有效需求不足。这就需要政府进行干预，保障这些家庭的子女接受教育的权利。

市场失灵导致了没有政府干预的经济低效率，但是即使市场调节是有帕累托效率的，也需要政府干预保证公平。这是因为教育是一项福利事业，不能单纯以效率来衡量。而且，有时人们会做出错误的决策。例如，吸烟有害健康，可还是有人吸烟；系安全带能降低交通事故的危害，可还是有人不系安全带。教育能够改变个人和家庭贫穷落后的状况，可还是有些家庭为了眼前的利益不让子女读书。安全带和基础教育属于有益物品，而人们往往对有益物品消费不足，需要政府强迫。保证每个儿童得到教育是政府的职责。

2.2 社会福利经济学

福利分为个人福利和社会福利。个人福利是指一个人获得的满足，这种满足既包括个人物质生活需要的满足，也包括个人精神生活需要的满足。社会福利是指一个社会全体成员的个人福利的总和。福利经济学的研究对象是经济福利。经济福利是指能够直接或间接用货币来衡量的社会福利。

19世纪20年代，以杰里米·边沁和詹姆斯·穆勒等人为代表的功利主义或效用主义开始流行。效用主义认为，社会应当追求最大多数人的最大福利。1920年，英国经济学家庇古出版了《福利经济学》，标志着福利经济学产生，庇古也被称为"福利经济学之父"。庇古认为个人福利可以用效用来表示，社会福利是社会上所有人效用的简单加总。庇古提出了两个福利基本命题：国民收入水平越高，社会福利就越大；国民收入分配越平均，社会福利就越大。这一时期的福利经济学认为个人的效用可以用基数来衡量，因而效用可以在边际进行比较；边际效用递减。但是，有些经济学家认为效用是不能用基数来衡量的。罗宾斯认为经济学应避免使用基数效用。20 世纪五六十年代出现了社会福利函数，但阿罗不可能定理认为社会福利函数是不存在的。20 世纪 70 年代，福利经济学又回归到效用主义和基数效用理论。

2.2.1　效用

效用是指消费者从消费某种物品中所得到的心理满足，是商品或劳务满足人们欲望的能力。效用具有很强的主观色彩。对效用的测量主要有两种方法：一种是基数效用，一种是序数效用。基数效用认为效用可以用确切的数量来衡量，每个人对不同物品都有不同的效用函数。基数效用论是庇古的福利经济学的基础，也是讨论收入再分配的基础。序数效用认为效用是不可以用数量表示的，但是可以对效用的强度排序，进行比较。

2.2.2　帕累托标准

意大利经济学家帕累托在 1906 年出版的《政治经济学教程》中提出，在一种经济状况下，如果没有一种方法能够在不使任何其他人境况变坏的前提下，使某些人的情况变得更好，这就是帕累托改进。这一法则被称为帕累托法则，或帕累托标准。帕累托最优状态意味着，资源在某种配置下，不可能通过重新组合，增加一个人或多个人的福利，而不减少其他人的福利，这种配置就被称为"帕累托最优状态"。帕累托最优包括生产的帕累托最优、交换的帕累托最优、生产和交换的帕累托最优。

2.2.3　福利经济学的基本定理

2.2.3.1　福利经济学第一定理

福利经济学第一定理又称福利经济学基本定理，内容是：在完全竞争市场的经济体系中，如果存在着竞争性均衡，那么这种均衡就是帕累托最优。福利经济学第一定理表明市场经济的合意性，并且说明市场经济的运行成本比较低廉，不需要庞大的管理队伍来分析传递信息，因此市场经济应当取代计划经济，节约管理费用，实现帕累托最优。

2.2.3.2　福利经济学第二定理

福利经济学第二定理是：如果存在完全竞争市场，并且满足个人效用函数和生产函数的某些条件，那么通过将资源的初始禀赋在个人之间进行合理再分配，竞争性均衡的结果可以实现每一种帕累托最优。福利经济学第二定理表明分配可以和帕累托效率分开考虑，无论初始分配是什么样的，通过自由交换就可以达到帕累托效率，这就使收入再分配成为可能。

2.2.3.3　补偿原理

根据帕累托法则，如果一项变动使社会上一部分人的境况变好，同时其他人的境况没有变坏，那么这项变动就是帕累托改进。只要有一个人受到损失，就不能说是帕累托改进。因此，帕累托法则的限制性很强。此外，由于效用具有强烈的主观色彩，帕累托法则在实际应用中也会遇到各种质疑。例如，如果一项变动使社会上的富人变得更富有，穷人的境况没有改变，社会贫富差距拉大，这项变动是否可取？再如，一项变动不改变一个人的境况，但却使他周围的人的境况都得到改善，这个人可能会产生嫉妒心理，这是否会使这个人的效用减少？

因为帕累托法则的这些限制，英国经济学家卡尔多在1939年提出了这样的观点：如果一项变动能够使社会中一部分人的境况变好，另一部分人的境况变糟，受益者在补偿损失者之后，境况仍能有所改善，这就是社会福利的改进。同时，另一名英国经济学家希克斯进一步提出了"长期自然的补偿原则"：如果一项变动在短期内会使一部分人受损，但经过较长时间，所有人的境况都会变好，那么这项变动就是可取的。

西托夫斯基在卡尔多-希克斯标准的基础之上，于1941年提出福利检验的双重标准——顺检验和逆检验。顺检验就是卡尔多-希克斯标准；逆检验是：如果受益者能够诱使受损者接受一种改变，而受损者无法诱使受益者保持现状，那么这种改变就是可取的。

李特尔在1950年进一步提出福利的三重标准：第一重是卡尔多-

希克斯标准；第二重是西托夫斯基的双重标准；第三重是收入再分配是否合理。李特尔把收入分配问题重新纳入了福利经济学的研究范围，他的三重标准被不少经济学家赞赏为具有"稳当的富于常识的素质"，或者被推崇为"对于解决问题有真正的贡献"。值得注意的是，李特尔并不认为"好的分配"就是"更为均等的分配"，李特尔收入分配中所说的公平是指不损害效率的公平。

2.2.4　社会福利函数

"社会福利函数"的概念是由美国经济学家柏格森在 1938 年首先提出的。社会福利函数将影响社会福利的因素看作自变量，将社会福利看作函数。

功利主义社会福利函数也称边沁主义社会福利函数，假设每个人的效用具有相同的权重，社会的总效用是每个人效用的总和。更一般的功利主义社会福利函数赋予每个人不同的非负权重，社会总效用是每个人效用的总和。贝尔努利-纳什社会福利函数采用连乘法，社会总效用是每个人效用的乘积。罗尔斯社会福利函数只采用境况恶化的个人效用来测量社会福利。罗尔斯社会福利函数具有很强的平均主义色彩。比如，在一个社会中，社会福利是以穷人的效用来衡量的。无论富人的效用如何提高，只要穷人的效用水平不变，那么社会的福利也不会提高。

柏格森-萨缪尔森社会福利函数具有最一般的形式，可以写成功利主义社会福利函数的形式、贝尔努利-纳什社会福利函数或罗尔斯社会福利函数的形式。柏格森-萨缪尔森社会福利函数表明：社会福利可以直接由个人效用表示，个人效用是可比的。

2.2.5　公平与效率的关系

公平的含义一般有三个层次：一是法律公平，即规范的行动限制仅仅取决于行动本身的性质，而不取决于行为主体的身份；二是机会公平或过程公平，即人们在社会中能够获得公平的机遇，经历的过程是公平的；三是收入公平或结果公平，即向人们提供等量的报酬。

　　关于如何处理公平和效率的关系，西方经济学界大致有三种观点：效率优先、公平优先、公平与效率兼顾。

　　效率优先论的代表人物有哈耶克和弗里德曼等人。他们强调经济增长中市场机制配置资源的重要作用，反对政府干预收入再分配。他们认为自由竞争的市场机制能够产生效率，而强求平等会给社会带来福利损失。而且，在市场机制中，个人得到的分配是根据个人的努力程度而来的，因此这种分配方式最公平。

　　公平优先论的代表人物有庇古、罗尔斯等人。他们认为政府应当干预收入分配，向富人征税，补贴穷人，减少两者的收入差距，使其收入均等化。因为根据边际效用递减法则，随着收入的增加，收入带来的边际效用递减。在收入增加量相同的情况下，增加的收入给富人带来的效用较低，而给穷人带来的效用较高。收入分配的不公平会降低人们的工作热情，降低工作效率。

　　效率与公平兼顾论的代表人物有萨缪尔森、凯恩斯、布坎南和阿瑟·奥肯等人。他们认为追求效率就要以牺牲公平为代价，追求公平就需要牺牲效率；既不应该公平优先，也不应该效率优先，而是要两者兼顾。萨缪尔森认为要兼顾效率和公平就需要政府干预辅助市场机制来实现。布坎南则提出通过社会制度结构来实现兼顾效率和公平。奥肯认为公平与效率应当受到公平对待，在两者发生冲突时需要进行调和。当获取公平的效用大于牺牲效率的效用时，应当公平优先；当获取效率的效用大于牺牲公平的效用时，应当效率优先。奥肯认为，为了实现平等，政府就会进行干预，但政府的干预会侵犯个人的自由，因此必须同时发挥市场的调节作用，刺激劳动者努力工作，经营者改善经营方式，提高资源利用效率；但同时市场机制会导致不平等的出现，使低收入者的福利得不到保障。人们的天赋、家庭背景不同，难以实现绝对的公平。因此，奥肯认为，社会只能在公平和效率之间进行妥协，无法实现完全的机会公平。库兹涅茨提出了"倒U型理论"，认为公平的分配不能强求，只能随着一国经济的发展逐步实现。在一国经济发展初期，为了提高经济效率，必须扩大收入差距；在经济发展到一定程度之后，再使收入分配趋于平等。

2.3 教育经济学

2.3.1 教育经济学的发展阶段

教育经济学是用经济学的视角和方法来看待和解决教育中存在的问题的一门学科。教育经济学历经了萌芽时期、初步形成时期和发展时期三个阶段。教育经济学萌芽于 20 世纪 20 年代初至 50 年代末。在这一时期出现了论文和专著，其中美国哈佛大学教授沃尔什于 1935 年写的一篇《人力的资本观》被认为是关于教育经济学的第一篇论文。这一时期的论文和专著还没有使用"教育经济学"这一名称，虽然对教育的经济意义进行了探讨，但没有更深入地研究教育规划、教育结构和财政等方面的问题。

教育经济学初步形成于 20 世纪 60 年代。1963 年国际经济学会召开了关于教育经济学的国际学术会议，许多人在会上发表了论文。1966年出版了《教育经济学选集》，被认为是教育经济学形成的标志。也有人认为 1962 年英国人韦锥写了《教育经济学》一书，是教育经济学初步形成的标志。这一时期涌现了许多教育经济学学者和专家，代表人物有舒尔茨和丹尼森，他们对教育经济学做出了重大的贡献。这个时期出现了"教育经济学"这一名词，有了专门的著作，其中有较为细致的计算方法，也有对教育经济学的评价，研究的范围和内容也有了很大扩展。

20 世纪 70 年代之后是教育经济学的发展时期，关于教育经济学的著作和论文明显增多，出现了一批学者，包括希恩、布劳格、韦锥、罗杰斯、鲁什林、戴维斯等。这一时期教育经济学的研究内容和范围有了很大拓展，出现了许多新的研究课题，参与研究的国际性组织不断增加，数学模型等方法被应用在研究过程中，许多国家在大学里开设了"教育经济学"这门课程。如今，教育经济学已经被国际学术界认为是独立的学科，得到了各国的重视。

2.3.2　中国教育经济学的产生与发展

中国对教育经济学的研究从 20 世纪 80 年代开始，从最初的引进吸收到建立中国教育经济学研究会，不断深入发展。1980 年 11 月美国著名经济学家舒尔茨访问中国，将西方的人力资本理论介绍到中国。许多学者对人力资本理论进行研究评述，并陆续发表文章，为教育经济学在中国的建立做好了思想准备。之后，学者们又在思考如何在借鉴吸收国外研究成果的基础上，结合中国实际建立具有中国特色的教育经济学，用教育经济学的理论思想研究、指导、推动中国教育事业的发展。经济学家于光远在《经济研究》上发表题为《关于建立和发展教育经济学的几个问题》的文章，提出要建立中国的教育经济学。国家财政部科学研究所李海在《教育研究》上发表文章提出，中国教育经济学首先应着重研究教育投资与经济建设投资的比例关系问题，教育投资必须讲求经济效益的问题。1984 年 10 月，中国教育经济学会成立，以后每年召开一次全国性学术研讨会，每两年召开一次年会，并创办了全国性学术刊物《教育与经济》，介绍教育经济学的最新研究成果，交流各地先进经验。中国的教育经济学不断发展壮大。

2.4　对文献的小结

本书对公共产品理论、社会福利经济学和教育经济学进行了概述。根据公共产品理论对教育的产品属性进行了辨析，社会福利经济学研究的公平与效率问题成为本书研究的理论依据；教育经济学为研究教育供给问题提供了方法论。

第 3 章　中国教育供给中公平与效率的状况分析

如绪论中所述，本书对中国教育供给的研究主要包含两大方面的内容：一是如何拓宽教育筹资渠道，增加教育筹资方式，筹措教育经费，扩大教育的供给以满足社会和个人对教育的需求；二是如何合理利用教育经费和其他教育资源，实现教育供给的公平与效率，使社会福利最大化。

发展教育需要资源，其中既包括人力资源也包括物力资源，这些资源的货币形式就是教育经费。本章通过对中国的教育经费总量和结构的历史和现状进行分析，研究中国教育供给中的公平与效率的现实状况。

3.1　教育供给中公平与效率的含义

本书论述的教育供给中的"公平与效率"和福利经济学中的"公平与效率"既有相似之处，也有差异。根据文件综述中的描述，在福利经济学中，公平具有三个层次的含义：法律公平、机会公平或过程公平，以及收入公平或结果公平。效率则主要以帕累托标准进行衡量。

在本书的论述中，教育供给中的公平主要指三个方面：教育机会的公平、教育过程的公平和教育结果的公平。教育机会的公平是指教育的消费者——学生，是否无论性别、民族、种族、家庭背景、所在地经济发展状况等因素，都能够获得接受教育的机会。教育过程的公平是指学生在接受教育的过程中教育质量的公平性。换言之，学生不论性别、民族、种族、家庭背景、所在地经济发展状况等因素，都能获得同样较高质量的教育服务。教育结果的公平主要针对高等教育，是指学生在接受高等教育之后，是否能够获得公平的就业机会，能否同工同酬。

在本书的分析中，教育供给中的效率和经济学中的效率是一致的。根据福利经济学，帕累托最优是指资源在某种配置下，不可能通过重新组合，增加一个人或多个人的福利，而不减少其他人的福利。帕累托最优包括生产的帕累托最优，交换的帕累托最优，生产和交换的帕累托最优。本书研究的主要是教育供给的过程中，如何提高资源的利用效率，利用有限的资源获得尽可能大的回报，增加教育供给的数量，提高教育供给的质量。例如，教育券是否能够在不增加政府教育投入的情况下提高教育质量，使各层次学生的福利总和得到提高。

在公平和效率的关系方面，公平和效率往往会发生矛盾。例如，大力发展私立学校，使教育供给市场化，会提高教育供给中资源的利用效率；但是根据教育质量收取不同的学费会使家庭贫困的学生无力负担高质量的教育，不利于教育过程的公平。但有时公平和效率相辅相成。当资源利用效率得到了提高，用较少的资源就可以取得同样的效果时，节省下来的资源就可以用于促进公平。只强调公平而不重视效率是简单的平均主义，获得的公平只是低层次的公平，教育供给的数量和质量都会很低；只强调效率而不兼顾公平则不利于社会的安定团结和经济的均衡发展。鉴于教育的特殊性，教育的供给应当公平和效率兼顾，在基础教育阶段公平优先，兼顾效率；而在高等教育阶段效率优先，兼顾公平。

3.2　中国教育经费的几个指标

衡量一个国家教育经费充足与否，可以通过一些经济指标来分析。

这些指标包括教育经费的绝对量和相对量。其中，教育经费的相对量又包括教育经费占 GDP 的比重和公共教育经费占财政支出的比例。

3.2.1 教育经费的绝对量

新中国成立后，中国的教育事业不断发展，中国政府的教育经费投入不断增加。中国教育发展大致可以分为两个阶段，一个是改革开放之前，教育经费比较匮乏；另一个是改革开放至今，教育经费迅速增长。改革开放之前，中国经济正处在困难时期，每年的预算内教育经费不超过 100 亿元。教育经费严重匮乏，政治经济长期不稳定，导致教育事业发展缓慢，甚至在 20 世纪 60 年代初出现教育经费减少的现象，1960 年为 43.34 亿元，1961 年下降到 32.69 亿元，1962 年仅为 27.55 亿元，1963 年为 29.63 亿元。改革开放以后，教育经费迅速增长。随着改革开放的深入发展，中国的经济实力不断增强，为教育经费的增长提供了可能性，国家对教育的重视使教育经费的增长成为事实。1980 年中国财政预算内教育经费达 114.15 亿元，首次突破了百亿元。1995 年财政预算内教育经费达 1 009.56 亿元，首次突破了千亿元。2000 年为 2 085.68 亿元，2002 年为 3 114 亿元。改革开放前，中国的教育经费主要就是预算内教育经费；改革开放后，随着教育制度的改革，教育经费筹集渠道日益多元化，教育经费总量更是增长迅速。例如，2001 年，中国财政预算内教育经费占教育经费总量的 56%，还有近一半的经费来自其他渠道[①]。中国在不断增加政府对教育的财政拨款的同时，还通过多渠道筹集教育经费，使私人部门对教育的投资比重不断加大。这符合中国市场经济发展的需要，是中国教育筹资的新特点。

3.2.2 教育经费的相对量

以上对中国教育经费的绝对增长进行了分析，下面对教育经费的相对量进行分析。对教育经费的相对量进行分析可以从两个指标来进行，一个是教育经费占 GDP 的比重，另一个是公共教育经费（即财政性教

---

① 陈华亭. 中国教育筹资问题研究 [M]. 北京：中国财政经济出版社，2006：114-128.

育经费）占财政支出的比重。

3.2.2.1　教育经费占 GDP 的比重

教育经费占 GDP 的比重又可以分为全部教育经费占 GDP 的比重，和公共教育经费占 GDP 的比重。前者反映了国家对教育的投入总规模的大小，后者反映了国家对教育的重视程度。20 世纪 90 年代以来，中国的全部教育经费占 GDP 的比重和公共教育经费占 GDP 的比重都有先小幅下降再逐步回升的趋势，而且两者之间的差距在逐步扩大。从表 3-1 中可以看到，公共教育经费占 GDP 的比重从 1991 年的2.86%逐年小幅下降到 1995 年的 2.41%，之后逐年上升，到 2003 年增长到 3.28%，仍未达到中国提出的公共教育经费占 GDP 的比重超过 4%的目标。全部教育经费和公共教育经费差距的拉大说明来自其他渠道的教育经费有逐年增长的趋势。

表 3-1　　　　1991—2003 年中国教育经费占 GDP 的比重

年份	公共教育经费（亿元）	教育经费总量（亿元）	GDP（亿元）	公共教育经费占 GDP 的比重（%）	教育经费总量占 GDP 的比重（%）
1991	617.83	731.50	21 617.80	2.86	3.38
1992	728.75	867.05	26 638.10	2.74	3.25
1993	876.76	1 059.94	34 634.40	2.51	3.06
1994	1 174.74	1 488.78	46 759.40	2.51	3.18
1995	1 411.52	1 877.95	58 478.10	2.41	3.21
1996	1 671.70	2 262.34	67 884.60	2.46	3.33
1997	1 862.54	2 531.73	74 462.60	2.50	3.40
1998	2 032.45	2 949.06	78 345.20	2.59	3.76
1999	2 287.18	3 349.04	82 067.50	2.79	4.08
2000	2 562.61	3 849.08	89 468.10	2.86	4.30
2001	3 057.01	4 637.66	97 314.80	3.14	4.77
2002	3 491.40	5 480.03	10 5172.00	3.32	5.21
2003	3 850.62	6 208.27	117 252.00	3.28	5.29

资料来源：公共教育经费和教育经费总量 1991—2002 年数据来自《中国统计年鉴 2004 年》；2003 年数据来自《2003 年全国教育经费执行情况统计公告》。各年GDP 数据来自《中国统计年鉴 2004 年》。

从表 3-2 中可以看出，1999 年大多数国家的公共教育经费占 GDP 的比重都在 4%以上，仅有 3 个国家低于 4%。从表 3-1 中可以看出，中国在 1999 年这一数据仅为 2.79%，2002 年为 3.33%，均低于 OECD 和 WEI 大多数国家的平均水平。1999 年，中国的全部教育经费占 GDP 的比重仅为 4.08%，在有数据的 OECD 国家中只比土耳其和希腊高，在 WEI 国家中只比印尼和印度高。2003 年中国与 OECD 和 WEI 国家 1999 年的水平已经比较接近了。这说明中国的教育经费在不断增加，但和其他国家相比仍然较少。

表 3-2　　　WEI 和 OECD 国家教育经费比重（1999 年）

	公共教育经费比重（%）	全部教育经费比重（%）
WEI 平均	4.3	5.5
阿根廷	4.5	5.8
巴西（1998）	5.1	m★
智利	4.1	7.2
中国	2.0	3.7
印度	3.2	3.3
印度尼西亚	0.8	1.2
牙买加	6.3	9.9
约旦	5.0	6.0
马来群岛（1998）	5.0	m
巴拉圭	4.8	8.5
秘鲁（1998）	3.3	4.6
菲律宾	4.2	5.9
俄罗斯	3.0	m
泰国（1998）	4.5	4.7
突尼斯（1998）	6.8	m
乌拉圭（1998）	2.9	m
津巴布韦（1998）	6.9	m
OECD 平均	4.9	5.5
澳大利亚	4.5	5.8
奥地利（1998）	6.0	6.3
比利时（1998）	5.3	5.5
加拿大	5.3	6.6
捷克	4.2	4.7
丹麦（1998）	6.4	6.7

	公共教育经费比重（%）	全部教育经费比重（%）
芬兰	5.7	5.8
法国	5.8	6.2
德国	4.3	5.6
希腊（1998）	3.6	3.9
匈牙利	4.5	5.2
爱尔兰	4.1	4.6
意大利	4.4	4.8
日本	3.5	4.7
韩国	4.1	6.8
墨西哥	4.4	5.2
芬兰	4.3	4.7
新西兰	5.9	m
挪威	6.5	6.6
波兰（1998）	5.1	5.3
葡萄牙（1998）	5.6	5.7
斯洛伐克（1998）	4.3	4.4
西班牙	4.4	5.3
瑞典	6.5	6.7
瑞士	5.4	5.9
土耳其（1998）	3.9	3.9
英国	4.4	5.2
美国	4.9	6.5

★：m 为无数据。

资料来源：OECD，Financing Education，2002 Edition。

中国公共教育经费占 GDP 的比重偏低，而全部教育经费却比较接近 OECD 和 WEI 国家的平均水平，这并不意味着中国通过多渠道筹措教育经费，教育经费总量就已经基本满足了需求。首先，中国人口众多，学龄青少年的人数也比其他国家多很多，全部教育经费一旦按人均计算，就远远低于其他国家。其次，教育经费占 GDP 的比重反映的是教育投资的增量，而至今中国教育投资的存量一直处于较低水平。

3.2.2.2　公共教育经费占财政支出的比例

公共教育经费占 GNP 或 GDP 的比例是各国进行教育政策比较时

常用的指标，然而，这两个指标存在不足之处。第一，各国 GNP 和 GDP 的计算方法千差万别。第二，GNP 和 GDP 并不是社会可以动用的资金数额。第三，教育经费占 GDP 的比重反映的是教育投资的增量，并不反映教育投资的存量。长期以来，中国教育投资的比例始终低于相应经济发展水平的国际平均水平，教育经费的供给一直无法满足对教育经费的需求。由于中国教育经费的存量较低，因此增量必须更大才能接近国际先进水平。第四，这种衡量方法只衡量了政府的教育投资是否充足，而无法判断非政府组织和个人对教育的投入有多少。

由于 GNP 和 GDP 存在不足，国际上还有一个衡量政府教育投资力度的指标，即教育投资占财政支出的比例。这是因为，国家财政支出在各国计算方法相同，而且衡量的是政府可以动用的资金数额。采用这个指标就能够清晰地看出政府在教育方面的投资水平和付出的努力。

3.2.2.3 两者之间的关系

大多数国家的教育支出占公共支出的比例一般在 15% 以下，而中国的教育支出占公共支出的比例却都在 15% 以上，1996 年甚至还达到了 21.06%。为何中国的公共教育经费占 GDP 的比重偏低，而教育支出占公共支出的比例却很高呢？

公共教育占 GDP 的比重可以分解为：

$$\frac{公共教育经费}{GDP} = \frac{财政收入}{GDP} \times \frac{财政支出}{财政收入} \times \frac{公共教育经费}{财政支出}$$

从这一等式可以看出，公共教育经费占 GDP 的比重是由三个因素决定的：财政收入占 GDP 的比重，财政支出占财政收入的比重，公共教育经费占财政支出的比重。这三个因素的数值都高，公共教育经费占 GDP 的比重就会高。

先看第一个因素：财政收入占 GDP 的比重。根据世界银行统计，20 世纪 80 年代各国财政收入占 GDP 的比重平均水平大致为低收入国家 23%，中等收入国家 27%，发达国家 40%。中国在改革开放后，国民收入分配格局发生了很大变化，财政收入占 GDP 的比重持续下降，1980 年为 25.67%，到了 1996 年降为 10.96%。后来虽有上升，但一直处于较低水平。第二个因素是财政支出占财政收入的比重。1997 年中国开始实施积极的财政政策，财政支出占财政收入的比重逐渐增加，在2000年达到最高值118.6%[①]。虽然这一因素的提高对提高公共教育经费占GDP的比重是有利的，但是由于这一因素的提高会引起财政赤字的提高，因此不可以对它过度依赖。第三个因素是公共教育经费占财政支出的比重。1997年至2003年，这一数据虽然有所下降，但和国际相比并不算低。

综合以上分析可以看出，中国公共教育经费占GDP的比重较低的原因在于财政收入占GDP的比重偏低。虽然中国公共教育经费在逐年增加，但是和其他国家相比仍然较低。因此，中国应当加大对教育的投资力度。

3.3　基础教育供给状况

目前，中国在基础教育阶段实行九年义务教育，以公立学校为主，私立学校较少，学费较贵。中央对义务教育的投入和地方各级政府的投入相比非常有限，由于各地区经济发展状况差异很大，各地政府对教育的投入能力也有很大差异。这就造成了中国在基础教育阶段教育供给的地区间差异较大、各级政府的教育经费投入不均衡、基础教育经费投入不足等问题。

3.3.1　基础教育的政府供给

从狭义上来说，教育的政府供给是指政府投入经费兴办公立学校，为国民提供教育服务的活动。从广义上来说，教育的政府供给还包括政府通过税收减免、贷款优惠等措施对公立学校和私立学校的资助。在现阶段，中国的基础教育主要由中央、省级和地方（包括县、市等）各级政府提供。

3.3.1.1　地区间教育投入不均衡

近年来，国内一些学者对义务教育经费的地区差异进行了实证分析，王善迈、杜育红、张玉林等人讨论了省际生均教育经费的地区差异，潘天舒、王蓉等则探讨了县级义务教育投资的差异，并认为义务教

---

① 陈华亭. 中国教育筹资问题研究［M］. 北京：中国财政经济出版社，2006：126.

育生均经费的地区差异在省内要高于省际，董业军、陈国良主要研究了生均教育经费地区差异的发展趋势，肖赞军统计了 2002 年各地区小学生均教育经费支出和预算内教育支出，见表 3-3。这些学者的研究都表明，中国义务教育的生均经费存在巨大的地区间差异。总的来说，义务教育经费的省际差异较大，省内差异更大。

义务教育经费的省际差异较大。根据王善迈的研究，1995 年全国普通小学的生均预算内事业费支出最高的是上海，为 1 216.85 元，最低的是河南，为 144.2 元，上海是河南的 8.44 倍。全国普通初中的生均预算内事业费支出最高的是上海，为 1 535.83 元，最低的是四川，为311.86 元，上海是四川的 4.92 倍。2004 年这些差距继续扩大。上海普通小学的生均预算内教育事业费为 6 680.22 元，而河南仅为 654.41元，上海是河南的 10.21 倍。上海初中的生均预算内教育事业费为6 831.40 元，而河南仅为 763.92 元，上海是河南的 8.94 倍。

表 3-3 　2002 年各地区小学生均教育经费支出和预算内教育支出　　单位：元

地区	生均教育经费支出(1)	地区	农村生均教育经费支出(2)	地区	城镇生均教育经费支出(3)	地区	生均预算内教育支出(4)	地区	农村生均预算教育支出(5)	地区	城镇生均预算教育支出(6)
合计	1 154.94	合计	953.65	合计	1 563.12	合计	834.07	合计	723.36	合计	1 058.57
上海	5 559.4	上海	4 349.74	上海	5 620.48	上海	4 448	上海	3 851.33	上海	4 478.08
北京	4 553.12	北京	3 645.11	北京	4 825.29	北京	2 977.9	北京	3 039.17	北京	2 959.52
天津	2 465.57	西藏	2 044.23	天津	2 796.37	西藏	2 032.1	西藏	1 922.1	西藏	2 360.2
浙江	2 372.95	浙江	2 001.82	西藏	2 579.2	天津	1 848.9	黑龙江	1 536.89	天津	2 094.96
西藏	2 178.54	天津	1 662.97	广东	2 418.11	黑龙江	1 546.5	浙江	1 327.46	黑龙江	1 560.64
广东	1 798.88	黑龙江	1 657.41	浙江	2 417.43	浙江	1 484.5	天津	1 251.87	浙江	1 503.32
甘肃	811.98	甘肃	742.98	安徽	1 041.32	四川	623.47	四川	593.34	山西	735
安徽	803.12	安徽	736.9	甘肃	1 041.01	陕西	610.61	陕西	564.47	湖北	720.49
湖北	774.46	陕西	683.03	贵州	976.92	重庆	599.96	重庆	538.05	四川	707.27
陕西	749.36	湖北	624.3	陕西	958.35	贵州	556.87	贵州	506.44	江西	702.01
贵州	643.04	贵州	577.26	江西	918.6	湖北	551.95	湖北	464.13	重庆	641.76
河南	621.41	河南	545.76	河南	917.4	河南	471.87	河南	413.1	河南	631.39

说明：因限于篇幅，表中仅给出排序后的前六位和后六位。合计为全国的生均数据。生均数据（1）、（4）指整个地区（不分城乡）的生均支出，表 3-4 同，不说明。

资料来源：肖赞军. 中国义务教育投入的二元化特征 [J]. 教育与经济，2006（2）：43-47。

张玉林的研究也表明了类似的情况。根据张玉林的研究，1993 年全国城乡小学的生均经费差距为 1.9 倍，其中上海市与安徽农村之间的差距高达 7 倍。全国城乡中学的生均经费差距为 2 倍，其中北京市与贵州农村之间的差距高达 10 倍。1999 年差距扩大了。小学的生均经费差距最大的是上海市和贵州农村，差距为 11 倍。全国城乡中学的生均经费差距最大的是北京市和贵州农村，差距为 12.4 倍[①]。

北京师范大学教育经济研究中心对 20 世纪 90 年代后半期的中国教育财政进行了统计分析，发现这一时期生均预算内事业费的省际差异较大，普通小学的差异要大于中学的差异。还有一些研究也得出类似的结论。

义务教育经费的县际差距更大。由于中国义务教育实行的是"县管教育"，县和县之间经济发展的不均衡就导致了县际教育经费的不均衡。根据张玉林的调查研究，初中、小学的生均预算内公用经费县级差距很大，有 2/3 的省县际差距在 10 倍以上，很多学校的生均预算内公用经费严重不足，甚至影响到学校正常教学活动的开展。2004 年，江苏、广东、天津、河南、河北、陕西和广西很多县（区）的初中生均预算内公用经费不足本省平均水平的一半，有些县的生均预算内公用经费甚至为零。在河南，郑州市小学的生均预算内教育经费是河南省农村平均值的 5.9 倍，是生均预算内教育经费最低的滑县的 14.7 倍。新乡市初中的生均预算内教育经费是河南省农村平均值的 6.9 倍，是生均预算内教育经费最低的延津县的 12.4 倍。2000 年以后，由于国家限制对农民进行教育集资，农村中小学教育经费的差距继续拉大。此外，生均教学设备的县际差距明显，有的差距在 3 倍以上，这个差距在 1/3 以上的省还在拉大。中级及以上职务教师比例的县级差距也很大。

这些数据表明：中国义务教育发展是不均衡的，地区差异很大，其中包括省际差异和省内差异（县际差异）。福利经济学认为边际效用是递减的。庇古认为国民收入增加时，如果穷人的收入相对增加，即社会分配更加公平的话，社会福利就会提高。贝尔努利-纳什社会福利函数将社会福利表述为社会中每个人效用的乘积，收入分配越平均，社会总

---

① 费菊瑛. 改善义务教育投融资体制研究［M］. 广州：中山大学出版社，2007：142-144.

福利越大。这种连乘法更强调平等的重要性。当某种资源的分配不均衡时，占用这种资源较多的地区或部门中这种资源的边际效用较小；而占用这种资源较少的地区或部门中这种资源的边际效用较大。因此，将这一资源从丰富的地区或部门转而配置到较贫乏的地区或部门，就会使效用的总和变大。同样数额的教育经费，如果增加到发达地区，产生的效用就不如增加到贫困地区产生的总效用大。因此，目前中国义务教育供给的当务之急是解决发展的不均衡问题。应当增加贫困地区的教育经费，促进地区间的平等，这样才能提高整个社会的总福利。

3.3.1.2 各级政府的教育经费投入不均衡

中国的基础教育经费主要来自地方政府，中央的教育支出很少。因为各地经济发展不均衡，能够用于教育的经费开支也有多有少，所以这一现象也是造成各地区教育投入不均衡的原因。

从表3-4中可以看出，中央教育支出只占全国教育支出很小一部分，从2004年的7.43%逐年增加，到2009年也仅为18.98%。与此相对应，中央财政支出占全国财政支出均在50%以上。也就是说，中央财政支出中仅有很小一部分用于教育。这从表中也可看出，中央教育支出占中央财政支出每年都不足5%。

表3-4　　　　2004—2010年度我国的财政支出与教育支出　　　单位：亿元

年度	全国财政支出	全国教育支出	全国教育支出占全国财政支出%	中央财政支出	中央教育支出	中央教育支出占中央财政支出%	中央财政支出占全国财政支出%	中央教育支出占全国教育支出%
2010	84 530(预)	?	?	46 660（预）	2 159.9	4.63	55.2	?
2009	76 299.93	10 437.54	13.68	43 819.58	1 981.39	4.52	57.86	18.98
2008	62 592.66	9 685.56	16.32	36 334.93	1 603.71	4.41	58.05	16.56
2007	49 565.40	7 654.91	16.26	29 579.95	1 076.35	3.64	59.68	14.06
2006	40 422.73	5 795.61	15.18	23 492.85	538.33	2.29	58.12	9.29
2005	33 930.28	4 665.69	14.58	20 259.99	349.85	1.73	59.71	7.50
2004	28 486.89	4 027.82	14.90	17 860.54	299.45	1.68	62.69	7.43

资料来源：李秉中. 我国基础教育发展的改革方式 [J/OL]. [2010-11-25]. http://news.xinhuanet.com/school/2010-11-25/c_12815865.htm.

从表 3-5 中可以看到 2002 年中央和地方教育经费各占的比例。中央支出的教育经费仅为 11.97%，大部分教育经费由地方负担，占 88.03%。由于各地区经济条件的差异，经济发展较落后的地区很难拿出大笔经费用于发展教育，这是中国各地区教育经费不均衡的原因之一。

表 3-5　　　　　　2002 年中央地方和各类学校的经费占全国

分类收入的比重　　　　　单位：万、%

学校类别	合计	国家财政教育经费	其中预算内经费	团体和个人办学经费	捐赠和集资办学	学杂费	其他
全国合计（亿元）	4 637.67	3 057.00	2 582.38	128.09	112.89	745.60	594.07
所占比例（%）	100	65.9	55.7	2.8	7.4	16.1	12.8
中央	11.97	10.9	10.3		10.1	9.5	23.4
地方	88.03	89.1	89.7		89.9	90.5	76.6
高等学校	26.6	21.8	24.5		15.4	41.9	38.1
中学	28.96	29.8	27.9	53.5	47.8	26.4	26.4
小学	27.5	33.5	33.2	19.9	31.7	14.3	13.8
农村小学	15.8	20.0	20.8		18.4	9.3	5.5

资料来源：冯兴元，李晓佳. 论基础教育的事权划分 [J/OL]. [2005-05-26]. http://www.usc.cuhk.edu.hk/PaperCollection/Details.aspx?id=4201.

3.3.1.3　农村教育经费投入不足

根据国家统计局 2011 年 1 月 20 日公布的数据，2010 年中国城乡居民人均收入比上年分别实际增长 7.8% 和 10.9%。这是自 1998 年以来，中国农村居民人均纯收入实际增长速度首次超过城市。2010 年中国城镇居民家庭人均收入 21 033 元，其中，城镇居民人均可支配收入 19 109 元。同期，农村居民人均可支配收入仅为 5 919 元，只有城镇居民的 30% 左右。而在 2010 年以前，农村居民人均纯收入增长速度不及城镇居民，城乡居民收入的差距更大。由于农村居民收入大大低于城镇居民，可用于教育的开支比城镇居民更少，因而对政府的教育经费更为依赖。然而，实际上，中国用于农村教育的经费投入还很不足。1990 年至 1998 年，中国用于农村的各项支出的总和，占全国财政支出的 9.5%。农村的文教卫生事业支出约占全国财政支出的 5.5%。两项合计，在全国财政支出的比例仅为 15%。

从表 3-6 可以看出，虽然中国农村和城镇的生均事业性经费支出在义务教育阶段都在逐年增加，但是农村生均事业性经费支出和城镇相比相差很大，大部分仅为城镇生均事业性经费支出的 70%～80%，农村预算内生均事业性经费支出也大大小于城镇。

表 3-6　农村税费改革前后全国城乡义务教育生均事业费支出变化

年份	生均事业性经费支出（亿元）				预算内生均事业性经费支出（亿元）			
	初中		小学		初中		小学	
	城镇	农村	城镇	农村	城镇	农村	城镇	农村
1999	1 060.85	815.36	651.19	536.86	639.43	508.58	414.75	345.77
2000	1 117.79	836.85	754.91	621.07	679.57	533.54	491.48	412.97
2001	1 280.79	968.11	928.32	768.34	816.36	656.18	645.23	550.96
2002	1 431.38	1 084.16	1 106.68	919.83	960.18	795.84	812.94	708.39
2003	1 564.64	1 173.94	1 051.72	871.79	1 252.2	1 032.46	931.42	810.07
2004	1 816.03	1 429.16	1 506.63	1 287.55	1 246.07	1 073.68	1 129.11	1 013.80
2005	2 156.30	1 744.96	1 765.11	1 529.72	1 498.25	1 314.64	1 327.24	1 204.88

资料来源：费菊瑛. 改善义务教育投融资体制研究 [M]. 广州：中山大学出版社，2007：163。

3.3.1.4　女性受教育不公平现象

衡量教育中的性别公平可以从三个方面进行。一是受教育机会，即女童的入学率是否低于男童；二是受教育水平，即女性的受教育程度是否低于男性；三是受教育结果，即女性在求职就业方面是否与男性存在差异。

中国女性的受教育状况正在逐步改善，但仍然没有实现公平。据教育部 2006 年全国教育发展统计公报，2005 年底，全国普及九年义务教育的地区覆盖率超过 95%，比 2000 年提高了近 10 个百分点。普通小学、初中、高中在校女生的人数分别占学生总数的 46.82%、47.33%、45.43%。2005 年，大学、研究生在校女生的人数分别占学生总数的 47.08%、43.49%[①]。在基础教育阶段，女性文盲正在不断减少，女童的

---

① 教育部. 2005 年全国教育事业发展统计公报 [EB/OL]. [2006-07-05]. http://www. edu. cn/jiao_yu_fa_zhan_498/20060706/t20060706_187144. shtml.

入学率和受教育年限也在不断提高，但女性受教育水平仍较低，在农村尤为明显。

首先，从文盲中的性别差异来看。1949 年新中国成立以前，中国妇女文盲率高达 90%。解放后，新中国开始进行大规模的扫盲运动。1990 年全国 15 岁以上文盲、半文盲率是 22.21%，男性文盲率是 12.98%，女性文盲率是 31.93%[①]。根据 2003 年出版的《中国人口统计年鉴》，中国女性文盲占总人口的比例大于男性，6 岁及 6 岁以上人口中男性文盲占总人口的比例为 2.95%，女性所占的比例为 7.28%。15 岁以上的人口中，男性和女性文盲人口占总人口的比例分别为 3.24% 和 8.40%。15 岁以上的人口中男女教育差异大于 6 岁以上的人口。以上数据说明，中国文盲的人数正在不断减少，文盲中的男女性别比例也在逐渐缩小，但女性文盲占女性人口比例仍高于男性。

其次，从入学率与受教育年限来看。自改革开放以来，中国的教育事业发展迅速。受教育人口明显增加，人均受教育年限也在逐年提高，男女受教育机会的差距正在逐步减小。全国女童小学入学率1990 年为 96.1%，1995 年为 98.2%，2000 年为 99.07%，入学率逐年上升。2000 年底，男女童入学率比上年下降了 0.07%，男女童入学率差距基本持平。男女受教育程度的差异也在进一步缩小。1998 年女性平均受教育年限为 6.5 年，男女差异从 1995 年的 1.7 年减少到 1998 年的 1.5 年。1998 年小学女生辍学率为 0.92%，比 1995 年下降了 0.6%。1992 年全国女童占未入学小学学龄儿童的 70.4%，1993 年为 66.4%，1998 年为 51.1%，1999 年为 50.04%。年级越高，女童的辍学率越高（方铭琳，2002）。以上数据说明，学龄女童的辍学率正在逐年下降，男女童入学率的差异已经很小，女童已经基本获得了与男童相同的受教育机会。

最后，从受教育水平来看，农村女性受教育水平仍然较低。1990 年农村 15 岁至 50 岁的妇女 46% 是文盲。2005 年全国农村仅有 8.64% 的女性享有接受继续教育的机会（袁连红，2009）。

---

① 孙雨霞. 女性主义视角下教育与社会性别公平 [D]. 天津大学职业技术教育学院，2007：2—34.

胡咏梅和杜育红采用西部 5 省区 112 所随机抽样的农村小学的资源投入与学生学业成绩产出数据对西部农村小学学校资源配置效率进行了 DEA 评估。研究结果发现，西部农村小学学校资源配置效率整体状况良好，有 50% 的小学学校资源配置效率已处于最佳状态，纯技术有效的小学比例为 72.32%。不过仍有约 50% 的小学还需要提升教育生产技术效率和改善规模效率[①]。

综合以上数据可以发现，随着中国教育事业的不断发展，基础教育阶段已经基本实现了男女受教育机会的公平，小学女童入学率逐步提高，辍学率逐步下降，女性文盲率不断降低。但不公平现象仍然存在，主要在农村比较明显。如何解决农村女性教育不公平的问题是推动女性教育公平的关键所在。

3.3.2　基础教育的私人供给

1997 年，国务院颁布《社会力量办学条例》，这是新中国第一个规范民办教育的行政法规，标志着中国民办教育进入了依法办学、依法管理、依法行政的新阶段。1999 年夏，全国教育工作会议决定，在中国第十个五年计划期间，要基本形成以政府办学为主体，公办学校与民办学校共同发展的教育格局。截至 2002 年底，中国各级各类民办学校已经发展到 6.12 万所，在校生总规模已达 1 115.97 万人。其中，民办高等教育机构 1 202 所，民办普通中学 5 362 所，民办职业中学 1 085 所，民办小学 5 122 所，民办幼儿园 4.84 万所。经过短短 20 年的发展，中国目前民办学校无论在数量上还是在校生总量上都已远远超过了 20 世纪 50 年代的私立学校，而且表现出强劲的发展势头。

2002 年底，《民办教育促进法》颁布，中国民办教育又进入了一个快速发展期。据统计，2003 年全国各级各类民办学校（教育机构）共 7 万余所，在校生 1 416 万人。其中，民办幼儿园 5.55 万所，在园儿童 480.23 万人；民办普通小学 5 676 所，在校生 274.93 万人；民办普通初中 3 651 所，在校生 256.57 万人；民办职业初中 54 所，在校生 2.28

---

① 胡咏梅，杜育红. 中国西部农村小学资源配置效率评估 [J]. 教育与经济，2008（1）：1-6.

万人；民办普通高中 2 679 所，在校生 141.37 万人；民办中等职业学校 1 377 所，在校生 79.31 万人；民办高等学校 175 所，在校生 81 万人；民办的其他高等教育机构 1 104 所，注册学生 100.40 万人。另外，有培训机构 10 631 个，参加培训人次 393.81 万。

3.4 高等教育供给状况

3.4.1 我国大学的起源与发展

中国一直有着重视教育的优良传统，但是现代高等教育在中国起步较晚。19 世纪西方列强以坚船利炮打开中国国门，清政府不得不与洋人打交道，因而需要精通洋文的人才。恭亲王奏请设立专门讲授洋文的学堂，京师同文馆因而建立。最初京师同文馆只教授英文，由英国传教士任教，后来增设法文馆、俄文馆、德文馆等。到了 19 世纪 70 年代，京师同文馆还增设了近代科学和法律方面的课程。这是中国近代高等教育的萌芽。1898 年，京师大学堂成立。这是中国现代意义上第一所国立大学。民国以后，京师大学堂更名为北京大学。1917 年蔡元培担任北京大学校长，对北京大学进行全面改造，提倡学术自由，提出"思想自由、兼容并包"的理念，聘请各种人才，使北京大学成为中国第一所真正意义上的大学。抗战时期成立的西南联大在极其艰苦的条件下，坚持严谨的治学态度，树立优良学风，是当时中国规模最大的著名高等学府。在极其艰苦的条件下，西南联大培养出大批杰出人才，其中有许多是蜚声中外的一流科学家。1941 年，中共中央政治局决定将陕北公学、中国女子大学、泽东青年干部学校合并成立延安大学，由吴玉章任校长。在延安大学的创立初期，学校就提出延大的教育目的是"不但注重专门技术和知识的获得，且更应注意养成学员的伟大品格""延大不应当只是学科学的学校，也应当是学做人的学校"。延安大学培养了大批优秀的专业人才，为抗日战争和解放战争的胜利，为新中国的繁荣和富强做出了重要贡献，在中国高等教育史上有着重要的历史地位和特殊的政治地位。新中国成立初期，中国模仿苏联建立并改造大学。

20 世纪 90 年代以后，中国高等教育发生了重大变革，如高校收费、扩招和管理体制改革，实施"211"工程、"985"工程（原名为教育振兴行动计划）。1999 年中国大学开始扩招，到 2002 年高校毛入学率超过 15%，高等教育从精英教育转变为大众化教育。2005 年，中国大学共 1 792 所，其中本科院校 701 所，高校数量在世界名列前茅。高校毛入学率为 21%，在校学生为 2 300 万人，从数量上成为世界高等教育第一大国。为了提高一些重点高校或学科的实力，中国还实施了"211"工程和"985"工程。这些院校或学科与世界先进水平的差距正在逐渐缩小。通过"共建、调整、合作、合并"等方式，组建了一批学科综合性大学，形成了中央和省级两级管理、以省为主的管理新体制。

中国高等教育已经取得了巨大的成就，同时也出现了一些矛盾和问题。第一，中国高校办学特色不明显，各所大学在相同的模式下发展，盲目追求"综合性大学"，造成高等教育层次不清、重复建设、缺乏活力。第二，高等教育的经费不足。高校办学条件紧张，教学仪器设备、图书资料无法满足培养人才的需要，有的高校甚至不具备正常办学的基本条件。第三，在目前毕业生就业困难的情况下，一些高校仍在盲目扩张规模，使问题恶化。第四，一些高等教育的教学内容陈旧，教学方法单一，教育质量不高。第五，高等教育学费较高，一些贫困生因无法负担高额学费和城市生活费用而放弃学业。在这些问题中，经费不足是个比较重要的问题。充足的办学经费能够为高校提供教学仪器设备、图书资料等资源，也有助于提高高等教育的教学质量，为贫困生提供资助。这就需要多渠道筹措高校办学经费，使高等教育的供给在数量上更合理，在质量上更优质。

3.4.2　高等教育的政府供给

据调查，目前全国全日制普通高校一共有 1 553 所，本科院校有 642 所，专科院校有 911 所。其中，副部级的学校有 32 所，进入"985工程"的高校有 34 所，教育部的直属高校有 72 所，"211 工程"重点建设的高校有 95 所。32 所副部级学校又分为三类：2000 年前的副部级学校有 14 所，2000 年增加 7 所，2003 年 12 月又新增 10 所。进入

"985 工程"的学校 34 所，也分三类：第一类是北京大学和清华大学 2 所；第二类是南京大学、浙江大学、复旦大学、西安交通大学等 9 所学校；还有 23 所属第三类。"985 工程"大部分经费都投入到"9+2"里去了。"211 工程"高校有 95 所，分为两类：一类是 67 所中央部委院校，另一类是 28 所地方高校。"211 工程"的一期建设，中央财政支持的专项经费主要用于 67 所部委院校，28 所地方高校拿到少量补助经费。"211 工程"的二期建设，中央财政经费主要还是投向 67 所部委高校，而对于地方高校，根据是否有重点学科及重点学科的数量给了一些补助性的经费。

按照学校隶属关系，高校又分为两类：一类是部委院校，共 111 所；另一类是地方院校，共 1 442 所。按照三级学位授予权，又分为博士学位授权单位、硕士学位授权单位和只能授予学士学位的普通本科院校。按照学校的定位又分为研究型大学、教学研究型大学和教学型大学。尽管没有明确的界线，但普遍认为，研究型大学大概就是 30 余所；教学研究型的有 70 余所，其他的是教学型大学。按办学体制，又可分为部委院校、省属院校、市属院校、民办学校，这四类学校教育部以后可能会规范成国立大学、省立大学、社区大学和民办大学四个等级。

3.4.3　高等教育的私人供给

第一个时期，1900 年至 1911 年是中国私立大学发展的萌芽期。根据现有资料，清朝末期的私立高等学校中，由国人创办的有 1905 年成立的中国公学、复旦公学，1908 年成立的广州光华医学堂，由外国人成立的有 1900 年创立的东亚同文书院，1907 年成立的德文医学堂，1909 年成立的焦作路矿学堂。

清末的私立高等学校数量较少。由于新式教育刚刚出现，这一时期，新式高等教育极不发达。除了教会高等学校因享有治外法权而得以发展之外，由国人创办的私立学校规模非常有限。严格地说，这一时期的私立高等学校算不上私立大学，只能看作是私立大学的雏形。

第二个时期，1912 年至 1927 年是中国私立大学的初步发展时期。

北洋政府时期，中国私立大学的特点有：第一，私立大学的数量激增，但质量并未提高，大多数私立大学的办学水平非常低。第二，这一时期涌现出一批办学认真的私立大学，后来成为知名的学校，如张伯苓创办的南开大学、张謇创办的南通大学、陈嘉庚兴办的集美专科学校群和厦门大学以及大同大学、复旦大学（原复旦公学）、河南福州矿务大学（原焦作路矿学堂）、大夏大学、光华大学、武昌中华大学、广东国民大学、中法大学等等，都是在此时开始了初步的发展。

第三个时期，1927 年至 1937 年是私立大学整顿发展时期。这一时期，根据主要经费来源的不同，可以将私立大学划分为三种类型：第一类是以国省库款为主要来源的学校，基本上是一种以官助学的发展模式，南开大学就是一例。这一类私立大学数量较少。第二类是以学费为主要来源的私立大学，采取以学养学的运行模式，如大夏大学、光华大学、复旦大学、广东国民大学、广州大学以及朝阳学院等等。这一类私立大学在近代中国占绝大多数。第三类是以捐助款、租息和企业拨款为经费来源的私立大学，采取以产养学的办学模式。

这一时期的私立大学除了由国人创办的学校之外，还有中外合办、外资独办的学校。中法大学、焦作工学院都属于中外合办的私立大学，雷士德工学院是该时期最为典型的外资独办私立大学。

总体来说，这一时期私立大学具有两个特点：一是数量继续增长。二是私立大学的质量得到提高。由于政府实施严格整顿控制与奖助激励并行政策，再加上法规的日趋严密，私立大学步入了规范化的发展轨道。

第四个时期，1937 年至 1949 年是私立大学持续发展时期。这一时期私立大学仍然继续发展。由于抗战中政府对教育事业采取了积极扶助的政策，加上许多历史较长的学校经过一定的积累有所壮大，以及个别地区私人资本主义经济的持续发展，因此这一时期的私立大学不论是数量还是规模都有一定的发展。

1949 年 10 月，中华人民共和国成立，私立大学在生源、经费等方面都遇到困难，渐渐萎缩。从 1951 年起，在全国范围内进行了有计划、有重点的院系调整，私立高校全部合并、调整为公立。

2004 年，全国共有各级各类民办学校（教育机构）7 万余所，在校生 1 769 万人。其中：幼儿园 62 167 所，在园儿童 584.1 万人；小学 6 047 所，在校生 328.3 万人；普通初中 4 219 所，在校生 315.7 万人；职业初中 24 所，在校生 1.5 万人；普通高中 2 953 所，在校生 184.7 万人；中等职业学校 1 633 所，在校生 109.9 万人；具有独立颁发毕业证书的民办高校 228 所，在校生 71.1 万人；民办高等教育机构 1 187 所，注册学生 105.3 万人。

在各级政府的重视支持下，在社会各界的共同参与下，2005 年民办教育得以持续发展。据 2005 年教育事业统计，全国共有各级各类民办学校（教育机构）8.6 万所，在校生 2 168.1 万人，其中：民办幼儿园 68 835 所，在园儿童 668.1 万人；民办普通小学 6 242 所，在校生 388.9 万人；民办普通初中 4 608 所，在校生 372.4 万人；民办职业初中 25 所，在校生 1.5 万人；民办普通高中 3 175 所，在校生 226.8 万人；民办中等职业学校 2 017 所，在校生 154.1 万人，另有非学历教育学生 14.9 万人；民办高校 252 所，在校生 105.2 万人，其中本科生 10.4 万人，专科生 94.8 万人，另有其他形式教育的学生 19.2 万人；独立学院 295 所，在校生 107.5 万人，其中本科生 90.1 万人，专科生 17.4 万人，另有其他形式教育的学生 0.3 万人；民办高等教育机构 1077 所，注册学生 109.2 万人，其中自学考试学生 39.5 万人，学历文凭考试学生 12.7 万人。另外，还有民办培训机构 29 048 所，889.5 万人次接受了培训。民办教育已经成为中国教育事业的组成部分。

据 2007 年教育事业统计，全国共有各级各类民办学校（教育机构）9.5 万所，在校生 2 723.4 万人，其中学历教育在校生 2 583.5 万人，非学历教育学生 139.9 万人。其中：民办幼儿园 77 616 所，在园儿童 868.7 万人；民办小学 5 798 所，在校生 448.8 万人；民办普通初中 4 482 所，在校生 412.5 万人；民办职业初中 6 所，在校生 0.2 万人；民办普通高中 3 101 所，在校生 246.0 万人；民办中等职业学校 2 958 所，学历教育在校生 257.5 万人，非学历教育学生 29.3 万人；民办高校 297 所，学历教育在校生 163.1 万人，其中本科学生 21.1 万人，专科学生 141.9 万人，非学历教育学生 22.4 万人；独立学院 318

所，学历教育在校生 186.6 万人，其中本科学生 165.7 万人，专科学生 20.9 万人，非学历教育学生 0.9 万人；民办高等教育机构 906 所，注册学生 87.3 万人。另外，还有民办培训机构 22 322 所，884.7 万人次接受了培训[①]。

3.4.4　中国高等教育供给中的公平与效率

中国高等教育的供给目前仍存在诸多问题，总体来说可以归纳为三类：高等教育的政府供给和私人供给不均衡；高等教育的机会和结果不公平；高等教育的供给缺乏效率。

高等教育的政府供给和私人供给不均衡。中国的高等教育主要由政府创办和管理，由政府提供财政补贴，具有较强的福利性质；而私立大学则由民间资本投资创办，资金实力无法与政府相提并论，同时没有政府的补贴和资助，因此难以发展壮大。由于缺乏政府的补贴和资助，私立大学的学费通常较高，从而在吸引生源方面处于劣势。

高等教育的机会和结果不公平，这体现在不同地区的学生在获得高等教育的机会上的不公平，以及女生在获得高等教育的机会上与高等教育的结果（即就业机会）上的不公平。高等教育的机会在地区间的差异非常大，经济发达地区的学生升入名牌大学的成绩远远低于经济欠发达地区的学生。北京市民的子女升入北京大学、清华大学、中国人民大学等名校的成绩比沈阳市民的子女升入这些大学的成绩低 100 分左右。2003 年北京市民的子女升入大学的最低录取线为 320 分，而沈阳市民的子女即使获得 450 分的高考成绩也无法升入大学。因此，很多人千方百计将户口调入北京，高考移民的事件也屡见不鲜。

此外，高等教育供给中还存在性别不平等的现象。据第五次人口普查的资料显示，全国具有大学本科文化程度的人口为 1 415 万，其中男性占 921 万，女性占 494 万，女性具有大学本科文化学历的人数仅占总人数的 34.9%。2000 年，具有研究生学历的人口为 88.4 万，其中男性占 61.7 万，女性占 26.7 万，女性占总人数的 30%左右。1995 年，女生

---

① 金平一、王德林. 民办教育 [J/OL]. [2009-12-14]. http://www.moe.edu.cn/publicfiles/business/htmlfiles/moe/moe_2747/200905/47623. html.

在本专科生中所占比例为 35.42%，硕士生为 30.57%，博士生为 15.47%。1998 年，女生在本专科生中所占比例为 38.31%，硕士生为 35.40%，博士生为 20.44%①。由此可见，女生在高等教育的各个层次所占比例都少于男生，而且随着教育层次的提高，女生所占比例不断下降。也可以看出，女生在各层次中所占的比例都在逐渐上升②。1998 年专科毕业生中女生占 38.4%，本科毕业生中女生占 38.1%。2003 年专科毕业生中女生占 48.0%，本科毕业生中女生占 37.2%。总体来看，女生在高校毕业生中所占的比例仍然偏低，但女生的比例已经有所提高。本科毕业生中女生的比例没有太大变化，而专科毕业生中女生的比例却在上升。2005 年，全国在校女大学生、女硕士研究生分别占在校学生总数的 47.08% 和 43.39%，分别比 1999 年提高了 7.38% 和 7.49%。在一些大城市，女性接受高等教育的比例接近甚至超过中等发达国家水平。2005 年，全国青联、劳动和社会保障部劳动科学研究所对大连、天津、长沙和柳州四个城市进行了抽样问卷调查。在调查对象中 20~24 岁的女性大学学历占 23%，大专学历占 29%；同年龄段的男性大学学历占 22%，大专学历占 20%。在 25~29 岁的女性调查对象中，大学学历占 16%，大专学历占 24%；而同年龄段的男性大学学历和大专学历分别为 16% 和 20%③。从以上数据可以看出，从 20 世纪 90 年代至今，中国高等教育中的性别差异正在逐渐缩小，女性接受高等教育的入学机会越来越趋于平等，女性的学历程度也在不断提高。在一些大城市，女性已经获得了与男性基本平等的接受高等教育的机会。

女性在高等院校中的专业分布也与男性有所差别。女生在专科院校中的比例平均为 50%，而在本科院校中不足 40%。外语、师范类等院校中女生比例明显高于理工科院校。在一些外语类院校，女生的比例甚至超过了 70%，而在一些理工科院校则不足 10%。女大学生选择的专业大多为语言、医护、人文科学的"女性领域"学科。2000 年北京大学招收的新生中，女生在语言文学、历史、法学、外国语和经济等学科专业

① 孙雨霞. 女性主义视角下教育与社会性别公平 [D]. 天津大学职业技术教育学院，2007：2-34.
② 黄爱华. 女性高等教育公平：问题与对策 [J]. 现代教育科学，2003（2）：22-26.
③ 郭冬生. 正确认识我国教育中的性别差距 [J]. 湖北广播电视大学学报，2007（8）：5-7.

中的比例分别为 72%、61%、60%、57%。而物理、力学与工程、数学、计算机技术、化学、化学分子工程等"男性领域"学科中，女生的比例仅为 14.4%、14.5%、21.7%、26.9%、34.6%、34.7%[①]。由此可见，在专业分布上，女性和男性选择的专业有所差别，一些所谓"男性领域"学科男生占多数，而一些"女性领域"学科女生占多数。女生的就业状况比男生差。从毕业落实率来看，1998 年，男女毕业生的落实率在专科生中分别为 41.0% 和 35.5%，在本科生中分别为 75.4% 和 70.8%。2003 年，男女毕业生的落实率在专科生中分别为 44.9% 和 39.6%，在本科生中分别为 82.1% 和 78.7%。女生的落实率均低于男生。从就业分布来看，在 2003 年已经获得工作的毕业生中，本科毕业生中从事专业性工作的男生比率为 74.7%，女生比率为 72.6%；专科毕业生中从事专业性工作的男生比率为 58.6%，女生比率为 53.9%。女生的比率低于男生。不少单位在接受大学毕业生时，对女性增加许多苛刻限制。一些获得硕士学位的女生也不得不降低自己的职业选择标准。2000 年，来安徽大学招聘毕业生的用人单位中，约有 30% 明确地提出不要女生，40% 的单位提出最好要男生。女大学生就业困难已经成为公认的事实。

男女在接受高等教育的机会方面还存在城乡差异。农村女性接受高等教育的机会更小。在接受高等教育的女性中，城市人口是农村人口的两倍。在城市生源中女生占 48%，接近男女人口比例。而在农村生源中女生仅占不到 1/3。这说明农村女性接受高等教育的机会低于城市女性，入学机会的不平等在农村更加显著。

综合以上数据可知，在中国的高等教育中，女性的受教育机会已经基本上实现了公平；在专业分布上，有些专业男生较多，而有些专业女生较多；从就业情况来看，女生仍然没有得到和男生平等的机会，很多用人单位不愿意要女生；城市女性的教育公平状况要优于农村女性。

中国高等教育的资源配置也存在低效率的问题，这主要体现在高等院校培养的人才与社会对人才的需求脱节上，结果是造成了大量毕业生难以找到专业对口的工作。在高等教育的起点和终点存在着两组供求关

---

① 闵君. 对我国女性接受高等教育的思考 [J]. 湘潮，2007（11）：89-91.

系。在高等教育的起点，学生根据自己的偏好、家庭的经济条件选择适合自己的大学，形成对高等教育的需求；大学根据学校的容量和师资为学生提供某些专业一定数量的求学机会，形成高等教育的供给。在这一组供求关系中，供求的对象是高等教育。在高等教育结束的时候，大学的学习转化成为人力资本，学生凭借自身的人力资本在人才市场求职，这是对人力资本的供给；用人单位根据自己对人才的需要在人才市场招聘人才，这是对人力资本的需求。在这一组供求关系中，供求的对象是人力资本。这两组供求关系相互影响。高等院校提供哪些知识和技能的教育影响着学生将形成的人力资本，学生的人力资本又将影响他们在人才市场的求职是否顺利。反过来，人才市场中用人单位对人才的需求会影响学生对高等教育的需求，从而影响高等教育的供给，即影响高等教育提供的专业和课程设置。但目前在我国，高等教育的供给内容并未根据人才市场对人力资本的需求加以调整，因此会造成大学生毕业即失业的现象。

3.5 中国的教育筹资

3.5.1 新中国教育筹资历史沿革

新中国教育经费筹资渠道的转变大致经历了三个阶段：第一阶段从 1949 年到 1980 年，这一时期教育经费由中央统一财政和分级管理；第二阶段从 1980 年到 1993 年，教育经费由地方负责与分级管理；第三阶段从 1993 年至今，通过多渠道多方式筹集教育资金。

第一阶段（1949 年到 1980 年）：教育经费由中央统一财政和分级管理。新中国成立以后，中国实行高度集中的计划经济体制，采用高度集中的财政体制，教育经费也统一由国家财政负责。各地方政府拟定教育发展计划，逐级上报，最后由中央政府统一调整。基础教育 1957 年后实行"条块结合、以块为主"的管理办法，1972 年后又实行"以块为主"的办法。高等教育实行"条块结合"的管理办法。这种高度集中的教育财政管理体制与高度集中的财政体制相吻合，符合当时各地经济发展不均衡的状态。中央统一计划调配高等教育的经费分配，有利于当时高等教育的发展，有利于向各行各业提供必需的专门人才。这一时期教育经费基本全部来自中央财政，教育成本基本上由国家政府支付，受教育者个人支付的比例很少。教育经费波动较大，整体呈下降趋势。1953 年的"一五"计划到"文化大革命"期间，财政支出的 7%用于教育事业。尤其在文革时期，教育事业发展严重受挫。

第二阶段（1980 年到 1993 年）：教育经费由地方负责与分级管理。1980 年，中国的财政体制由中央"统收统支"改革为"划分收支，分级包干"，由中央和地方分级管理财政收支。1985 年，《中共中央关于教育体制改革的决定》提出将发展基础教育的责任交给地方，有计划分步骤实施九年义务教育，基础教育由地方负责、分级管理。

由于各地经济发展水平不一样，中国的基础教育发展不平衡，一些边远落后地区教育发展非常缓慢。80 年代中期中国农村基础教育薄弱的状况仍然存在，贫困农村的基础教育发展落后，很多学龄儿童，尤其是女童不能接受基础教育，导致文盲半文盲不断产生。

为了改变这一状况，中国于 1986 年 4 月开始正式实施《中华人民共和国义务教育法》，从法律上规定实行义务教育"地方负责，分级管理"，并鼓励社会力量捐资助学。但这时基础教育由乡、村级政府负责，教育发展严重失衡。1988 年原国家教委和财政部发布《关于加强普通教育经费的管理规定》，要求各级财政和教育部门在制定教育经费预算时应根据地方财力逐步增加的办法。这一时期，教育筹资由中央财政单一渠道转变为中央财政与地方财政两个渠道。中央不再是基础教育的唯一渠道，地方政府成为教育资金的直接供给力量。

1980 年以前高等教育经费的投入由中央统一按计划下达，由地方财政部门管理安排使用。中央级别院校由中央政府负责。1980 年以后，中央院校仍由中央政府负责，各省的地方高校则由各省财政部门负责拨款。

这一时期全国高等教育发展很不平衡，经济发达地区经费充足，高等教育事业发展较快，而经济欠发达地区经费紧缺，高等教育发展较慢。20 世纪 90 年代初，经济发达地区的生均高等教育经费支出比经济落后地区高出 50%以上。由于地方有了较大自主权，一些省级政府要在本省建立一些科类比较齐全的高等教育系统，结果造成全国范围的专业重复设置，使高等教育经费没有得到充分利用。

为了解决教育经费不足的问题，各地开展了多种创新。原国家教委总结了各地的成功经验，形成了中国教育经费的六条主要来源渠道，简称"财、税、费、产、社、基"。这六条渠道分别为财政拨款，征收教育税，对非义务教育阶段的学生收取学费、对义务教育阶段的学生收取杂费，发展校办产业，鼓励社会力量集资办学捐资助学，建立教育基金，其中第一项财政拨款是主要渠道。多渠道筹措教育经费的方法使中国教育经费总量有了很大提高。据统计，从 1985 年到 1991 年，全国在政府财政预算内拨款之外，另筹措资金 1 000 多亿元，用于新建中小学校舍 2.75 亿平方米，改造破旧校舍 1.6 亿平方米，消除中小学危房 4.23 亿平方米。实践证明，多渠道筹措教育经费对发展教育起着积极的作用，是符合中国国情的有效方法。

20 世纪 90 年代之前，财政性教育经费占 GDP 的比重逐步上升，但 1990 年至 1993 年逐年下滑。1991 年为 2.86%，1992 年为 2.74%，1993 年为 2.51%。

第三阶段（从 1993 年至今）通过多渠道多方式筹集教育资金。1993 年 2 月 13 日，中共中央、国务院颁布了《中国教育改革和发展纲要》，确定了"逐步建立以政府办学为主体，社会各界共同办学的体制"的指导思想，确保教育事业的优先发展。《纲要》指出在中国发展教育要以国家财政拨款为主，同时征收用于教育的税费，利用校办产业的收入，积极鼓励社会捐助、集资，并设立教育基金，多渠道筹措教育经费。并指出，要利用金融信贷手段融通教育资金，支持校办产业，发展高校科技企业，开办教育储蓄和学生贷款等。《纲要》指出，各地政府必须保证教师工资和生均公用经费逐年增长，各级财政支出中的教育经费支出所占比例要有所提高，具体比例由各级政府确定。针对教育费附加的各种问题，《纲要》要求各省级政府完善征收办法，规定计征比例。教育费附加主要用于九年义务教育，地方政府还可以根据需要和当地经济状况征收其他用途的教育费附加。

　　1995 年 3 月颁布了《中华人民共和国教育法》，规定了新的教育投资体制，以各级财政拨款为主，依法征收教育费附加，发展校办产业，鼓励社会捐资，合理收取学杂费等，以多种渠道筹措教育经费。1997 年 7 月 31 日，国务院颁布了《社会力量办学条例》，2002 年修改后颁布《民办教育促进法》，明确出资人可以从办学结余中获取合理的回报。这一规定消除了人们的顾虑，使营利性私立学校得到了法律的认可。2004 年颁布了《民办教育促进法实施条例》，将民办教育分为要求合理回报的营利性民办学校和不要求回报的非营利性民办学校两类，为不同类别的民办学校制定了不同的管理措施，从法律上保障支持了民间资金进入教育领域。2003 年 3 月 1 日，颁布了《中华人民共和国中外合作办学条例》，为中外合作办学提供了法律保障。

　　这一时期，针对农村义务教育中存在的经费不足问题，国家先后出台了一系列政策，包括将原先的乡管教育转变为县管教育，在贫困地区实行"一费制"的收费方法，制定实施"两免一补"政策，实行农村义务教育经费保障新机制等。这些政策取得了一定成效，将许多原本离开学校的孩子送回课堂。

　　1. 由乡管教育变为县管教育。2001 年以前，中国农村实行乡管教育，基础教育的经费主要由乡级政府负担。由于地区经济发展不均衡，乡和乡之间的财政收入差距很大，对义务教育的投入也相差很大。越是贫穷的乡对义务教育的投入越少，于是就将义务教育的负担转移到了农民的身上。而恰恰在这些贫穷的乡，经济困难的家庭又更多，需要得到资助的学生也更多。2001 年以后改为县管教育，这在一定程度上缓解了地区性的差异，但是效果不明显。

　　2. 实行"一费制"。2001 年起，为了清理农村中小学乱收费的现象，各省、自治区、直辖市结合农村中小学实际，在贫困地区实行"一费制"的收费办法，即在严格核定杂费和课本费的基础上，综合考虑两项收费，核定一个最高收费标准，只向学生收取一项费用。从 2004 年起，"一费制"推广到各地农村。"一费制"减轻了农村中小学乱收费的问题，但是在实施上需要中央和省级政府的支持。由于各地农村发展状况的差异，经济较为落后的地方政府无力加大农村义务教育的投入。因此，"一费制"的贯彻实施需要中央和省加大对地方政府的资金投入，通过税收和转移支付等财政工具支持贫困地区的义务教育。

3. 实行"两免一补"。从 2001 年秋季开始，财政部、教育部投入 1 亿元，对中西部农村地区义务教育阶段部分家庭经济困难的学生免费提供教科书。从 2004 年秋季开始，"免费提供教科书"的范围扩大到中西部农村义务教育阶段的全部家庭经济困难学生。2005 年初，国务院提出"两免一补"的政策，即中央财政负责向义务教育阶段的农村贫困家庭学生免费发放教科书，省级财政负责对国家级贫困县义务教育阶段贫困家庭学生免除学杂费，县级财政根据财务情况对本地农村义务教育阶段贫困家庭学生免除杂费，并补助寄宿生生活费。2005 年底，国务院又发布了《关于深化农村义务教育经费保障机制改革的通知》，要求各级政府加大财政投入，对所有农村义务教育阶段的学生免除杂费，并继续对困难学生免费提供教科书和补助寄宿费。

"两免一补"政策明确规定了各级政府的责任，自实行以来，农村义务教育阶段学生的教育费用负担明显减轻。尽管"两免一补"政策起到了积极的作用，但"两免一补"并非"零收费"，教育支出仍然是家庭的重要开支。虽然各级政府财政每年都在加大对贫困生寄宿费用的补助，但余下的费用依然是贫困家庭的沉重负担。此外，还有一些缴不起寄宿费的非寄宿学生根本无法享受到该项补助。实施"两免一补"政策后，原先从学杂费收入中发给教师的各项津贴失去了资金来源，教师的实际收入明显减少，本来收入就不高的农村教师产生不满情绪，影响了他们的工作积极性，不利于稳定和激励教师队伍。

4. 实行"新机制"。2006 年，"农村义务教育经费保障新机制"启动，在"两免一补"的基础上，提高农村义务教育阶段中小学公用经费保障水平，建立农村中小学校舍维修改造的长效机制，完善农村中小学教师工资按时足额发放的经费保障机制等。目标是实现农村义务教育经费供给的"全面保障"。"新机制"明确了各级政府对农村义务教育的经费投入责任，提高了义务教育经费管理和使用的规范程度，但是一些由县级政府负担的经费由于资金不足而难以保证。

这一时期教育筹资的特点是：第一，市场筹资在教育经费中的比重逐年上升。财政性教育经费的比重在逐年下降，非财政性教育经费的比重在逐年上升。这说明市场机制对教育资源配置的影响力度在加大，而政府对教育资源配置的力度在降低。第二，政府对教育的投资规模波动性增长。这一时期前几年财政教育经费占 GDP 的比重略有下降，1997年以后逐步上升，2002 年达到 3.32%，为 1990 年以来的最高值。这说明政府正在加大对教育的投资力度。第三，学费和杂费所占比重明显上升。1993 年学费和杂费为 87.15 亿元，2001 年为 754.6 亿元，是 1993年的 8 倍多。学费和杂费占教育经费的比重由 1993 年的 8.22%，增长为 2001 年的 16.07%。第四，教育筹资方式进一步多元化发展。这一时期完善了教育成本分担筹资方式，还出现了银行贷款筹资方式。

从以上三个阶段教育经费供给的演变来看，自新中国成立至今，中国由计划经济逐渐向市场经济转变，教育经费筹资的渠道也由中央统一管理逐步转变为多渠道多方式筹集教育资金。改革开放前，中国实行的是政府单一办学体制，初等、中等、高等教育几乎完全由政府举办，政府是唯一的办学主体。这种办学体制与当时计划经济下的单一公有制相适应，教育经费主要由政府提供，按照计划机制进行教育资源配置。改革开放以后，尤其是 90 年代以后，非政府力量介入教育领域，教育资源配置也由原先单一的政府计划机制转变为市场机制。在三个阶段中，教育经费由政府单渠道供给逐步演变成多渠道筹集。1978 年经济体制改革以前，教育经费基本上完全由政府供给。改革以后，由于财政收入占 GDP 的比重逐年减少，1995 年达到最低 10.7%，之后逐步回升，2002 年升到 18%，单纯依靠政府财政难以满足教育发展的需求。在这种背景下，社会资金开始进入教育领域，教育经费逐渐呈现出多渠道供给的格局，财政性教育经费在教育经费总额中的比重不断下降，非财政性教育经费所占比重不断上升。教育经费的筹措方式由教育成本分担筹资方式转变为教育成本分担筹资与非成本分担筹资方式并存。政府提供教育经费属于教育成本分担的一种特殊情况，国家和受教育者个人分担教育成本是教育成本分担的普遍情况。金融部门支持教育则实现了教育筹资方式的多元化。在三个阶段中，教育经费由政府的自发投入转变为法律法规约束投资。由于教育的效果会延迟出现，在财政及经费比较紧张的情况下，往往会压缩教育经费。《中国教育改革和发展纲要》和《中华人民共和国教育法》对各级政府的教育投入都做出了具体规定，对各级政府的教育投资具有很强的约束力，保证了教育经费的供给。正因为有了法律保障，中国财政性教育经费占 GDP 的比重逐年提高。

3.5.2 税费改革

中国在基础教育阶段实行的义务教育由政府免费提供，学生入学不必缴纳学费，只需支付一定的书本费、学杂费、交通费等费用。在中国的一些地区，书本费等费用也被免除。政府用于义务教育的经费来自政府的财政税收收入。也就是说，实际上义务教育并非免费，而是公民通过向政府纳税"购买"到的。对于公民来说，每个人用于"购买"义务教育的开支都不相同，因为各人缴纳的税款不尽相同。对于政府来说，税收是义务教育经费的重要来源，税收影响着政府的财政收入，从而影响着政府的教育投入。

从 2000 年开始，按照中央和国务院的统一部署，中国从安徽省等省份开始试点税费改革，继而扩展到全国。税费改革对农村义务教育产生了直接的影响。税费改革取消了农村教育费附加和教育集资，使得农村义务教育减少了两个经费来源。学校向学生收取的一些费用也被取消。

为了保证农村税费改革的顺利实施，省级政府加大了财政拨款力度，以保证农村义务教育经费的正常增长。但目前尚无保证这一拨款的具体政策。税费改革前，农村义务教育主要由乡级政府管；而在税费改革后，主要由县级政府管。乡级政府的工作重点是保运行，因此会降低农村中小学教师的工资以保证公用经费和基建支出。而县级政府的工作重点是保稳定，会优先保证农村中小学教师的工资按时足额发放，教育的公用经费和基建支出会下降。各县虽然都从上级获得了转移支付，但教育只是县级政府的工作内容之一，因此县级政府有可能根据各县的具体情况降低县对教育的投入。这样一来，来自上级用于教育的转移支付就会发生"挤出效应"，挤出县一级的教育支出。县一级教育支出下降幅度较大的地方，教育经费无法维持基本的增长。由于县级政府的财力和负责农村义务教育的职责不相符合，导致农村教育经费的减少。农村义务教育的经费来源非常有限，除了各级政府的拨款之外，只有民间的集资，如希望工程等。

3.6 对中国教育供给状况的小结及原因分析

通过对中国教育经费的几个指标的分析可以发现，和其他国家相比，中国的教育经费投入仍然远远不够。基础教育的供给存在的主要问题是缺乏公平，其中包括：地区间教育投入不均衡；各级政府的教育经费投入不均衡；城乡教育投入不均衡；男女受教育的机会不公平等等。

究其原因，地区间教育投入的不均衡主要是由于各地经济发展的不均衡，我国的基础教育主要由地方政府提供经费，因此地方经济的发展态势势必影响各地教育的发展态势。同一原因也导致了城乡教育投入的不均衡，因为通常城市政府的财政收入要高于农村。各级政府的教育经费投入不均衡是我国目前的教育供给政策造成的结果。男女受教育的机会不均等主要是由于人们观念上的封建思想、家庭经济条件及现实生活中女性母亲家庭无法从女性接受的教育中获益等造成的。

第4章 国外教育供给的经验及对中国的启示

虽然中国与西方国家在政治制度、经济发展水平、文化传统等方面存在较大差异，但是通过研究国外的教育供给和筹资方式，可以吸取它们成功的经验和失败的教训，对中国的教育事业发展起到借鉴的作用。同时，我们还可以对比与外国的国情的差异，总结出适合中国国情的教育供给和教育筹资方式。

4.1 市场主导型的教育供给模式

美国的教育供给模式主要通过市场机制进行调节。美国的教育非常发达。美国人认为每个人都应该有机会接受最好的教育，以发展个人的天赋与能力。美国的繁荣与强大，事实上是得益于教育的普及。美国的教育体系在建国时就初具规模，经过200多年的发展和完善，形成了今天的局面。美国的高等教育水准非常高，位居世界第一。2010年，在世界排名前500位的大学中，美国占据1/3；在前20名中，美国占13所。哈佛大学、耶鲁大学、普林斯顿大学、斯坦福大学、麻省理工学院、芝加哥大学、康奈尔大学等等都是享誉世界的名校。

1979年美国成立了联邦教育部，是美国最高的教育行政机构，主要负责教育的宏观调控，包括全美教育发展策略、规划等法规的颁布，特殊教育计划的实施等等。美国教育的主要责任不在联邦政府，而在州政府。各州根据自身的实际情况制定教育法规、学制、招生数量、人事任免、经费投入、教师工资等等。州政府往往只规定教育投入的最低标准，具体事宜由学区委员会负责。美国的学区由各州立法机构设立，是美国最基层的教育行政单位，为区内的儿童提供公共教育。学区委员会委员通常由区内公民选举产生。委员会决定学区的教育目标、经费、人事等具体事务。

美国先有私立学校，之后才有公立学校。目前，美国有近90%的中小学是公立学校，10%是私立学校。公立学校和私立学校有着不同的经费来源。公立学校的经费主要来自州政府，由州政府从税收中拨款。联邦政府负责提供科研经费、购置图书设备、提供学生资助等。私立学校的经费主要通过向学生收取学费获得，因此私立学校的学费通常要比公立学校高很多。

美国的财政实行联邦、州、地方三级预算制度，根据政府间事权的划分确立三级财政的支出范围。由于各地区经济发展水平存在差异，为了解决各地财政不均衡的问题，美国建立了联邦政府对州和地方政府比较全面的财政转移支付制度。专项补助是财政转移支付中的一项，是一种有条件的补助，补助必须用于特定用途，如教育、卫生、环保、交通等公共服务。

4.1.1 市场主导型国家的基础教育供给

美国是最早普及初等和中等义务教育的国家。1913年，美国人均GDP超过英国成为世界第一经济强国，这和美国对义务教育的普及是分不开的。被誉为"美国公共教育之父"的霍勒斯·曼（Horace Mann）使基础教育成为免费的、非宗教性质的、全民的教育。他认为政府有责任向每个孩子提供免费受教育的机会，这种免费的教育可以帮助孩子们改变由于父母贫穷造成的不平等状况。1919年美国普及了初等义务教育。第二次世界大战前，美国已经基本普及了中等义务教育。现在在美国，不仅义务教育学校的学生可以免费获得教科书，而且大多数的州还对幼儿园的儿童和高中生免费供应教科书。

美国实行的是 12 年义务教育，从小学一年级到高中毕业。中小学的结构在各州不尽相同，有的州实行 8-4 制，有的州实行 6-3-3 制，有的州实行 4-4-4 制。美国也没有全国统一教材，各个学校之间教材内容有很大差异。美国的义务教育经费主要来自七个来源：政府拨款、政府专项教育经费、教育彩票、教育税、私人捐赠、企业教育专项支持金和学区（学校）的服务性收费。

1. 政府拨款

现代美国学校教育的资金来源主要有政府拨款和学校自行筹集资金两种。政府拨款是指联邦政府、州政府、地方政府三级政府共同承担教育经费。据统计，20 世纪 80 年代末，中小学的经费来源中，联邦政府拨款占 6%～10%，州政府拨款占 45%～50%，地方政府的拨款占 43%～45%。美国 2003 年公布的义务教育经费分担比例为：联邦政府 8%，州政府 50%，地方政府 42%。然而因各州财力不一，导致不同地区的生均义务教育经费投入各异。2001—2002 年财政年度，美国公立中、小学生人均义务教育投入经费为 7 899 美元，但各州差距很大。如纽约州生均为 11 472 美元，而犹他州则仅为 4 989 美元。由于各州之间经济发展不均衡，义务教育投入也不均衡，因此各州得到联邦政府的资助差异很大；与此相类似，州内各地区经济发展不均衡，各地区得到的州的资助也差别很大。美国的基础教育经费以地方税收为主，包括：收入所得税、消费税、财产税、教育税（在美国有一半以上的州征收专门的教育税）、彩票收入、发放债券等。经济条件较差的地区为了获得办学经费，负担要比经济较发达地区重很多。因此，贫困地区得到的上级政府资助会高于经济较发达地区。

2. 政府专项教育经费

除了可以得到政府投入的基本教育经费之外，学校还可以申请联邦政府和州政府的专项教育经费。联邦政府提供的专项教育经费主要包括：扶贫项目（主要用来支持积极改善办学条件、提高教学质量，经费紧张的学校）、双语教学项目等。符合条件的学校可以直接向联邦政府申请经费支持。州政府也提供一些专项教育经费支持，例如：经济困难学区（学校）的经费支持项目，学区（学校）购买教学设备专项支持经费。在美国，尚有 12 个州（爱达荷、艾奥瓦、路易斯安那、密歇根、密苏里、内布拉斯加、内华达、北卡罗来纳、北达科他、俄克拉荷马、俄勒冈和南达科他）不给学区（学校）提供设备专项支持经费。

3. 教育彩票

教育彩票是通过发行彩票的方式来支持教育事业。彩票是美国 1964 年建立起来的州政府资金体系。1990 年美国的彩票收入达 200 亿美元。美国的加利福尼亚州的教育彩票已经建立了一套比较成熟的机制。1984 年 11 月，加利福尼亚州通过了《加利福尼亚州彩票法》。该法案规定，彩票收入只能用于学生的教育，不能用于购置地产、兴建教学设施、资助科学研究等其他非教学用途。

每年加利福尼亚州都通过发行教育彩票获得大量教育经费。截至 2001 年，彩票已经为加利福尼亚州公立教育系统筹集了 130 亿美元的经费。按照生均计算，2000 年至 2001 年度，幼儿园和中小学校学生每人每年从彩票收入中可以获得 144.32 美元，彩票收入占幼儿园到高中的公立中小学教育经费约 1.5%，对公立教育的资金收入产生了巨大影响。加利福尼亚州的彩票收入全部用于公立教育系统的经费，其中 80.62%分配给幼儿园和中小学，12.57%分配给社区学院，加利福尼亚州州立大学和加利福尼亚州大学系统各得 4.22%和 2.42%，其余的彩票收入用于其他公立教育机构。由此可见，在加利福尼亚州，教育彩票的收入大都用于初中等教育，只有很少一部分用于高等教育。

4. 教育税

教育税是各州为了解决教育经费问题而征收的税款。目前已有 28 个州设立了教育专门税，税种从一两种到几种，各不相同。依靠教育专门税并不能长期解决学校的教育经费问题，因为设立专门税需要经州政府同意，而且有一定的限额。

5. 私人捐赠

学校的校友或支持教育的社会各界人士为学区（学校）捐赠也是教育经费的一个重要来源。有的学区还成立了一些稳定的基金会，运转效果很好。私人捐赠可以分为专项经费和一般捐赠经费两种。专项经费是指捐赠人为了支持某个特定项目而成立的经费基金。例如，设立某个学区（学校）的奖学金，为某所学校修建图书馆、体育场（馆），支持某所学校的文体活动等等。一般捐赠经费是指捐赠者为了支持学区（学校）的教育事业而投入的费用。这笔经费没有限定用途，因此接受者支配的自由度较大，但只能用于本学区（学校）教育相关方面的开支，不得挪作他用。

6. 企业教育专项支持金

在美国，有许多大企业设有专门的教育基金。这笔经费是免税的，学区（学校）可以根据自己的情况，以项目的形式提交申请报告。企业在分配这些基金时往往也考虑自己的因素，尽可能使教育投资能给企业带来更好的效益和更大的宣传效果。

7. 学区（学校）的服务性收费

通常，本校学生在业余时间可以免费利用学校的教学资源参加补课和课外活动。但如果外校学生或者社会上的成人来参加补课或者课外活动的话，学校就要收取一定的费用。社会租用学区（学校）设施等也都要交费。学区（学校）通过这些收费也可以获得一定的收入。

由于政府和各界人士的重视和共同努力，美国基础教育的经费通过多种融资渠道，得到了较为充足的供应，但美国的民众却希望基础教育的质量能够有所提高。在美国，虽然私立学校出现得较早，但是目前在基础教育阶段，仍以公立学校为主，公立学校占基础教育阶段学校总数的90%，因此，公立中小学校的教育质量直接影响着基础教育的质量。如何合理利用教育经费，提高教学质量，就成为教育学家、经济学家和社会各界人士探讨的话题。"教育券"的概念应运而生。

教育券的概念最初是由美国著名经济学家弗里德曼提出的。1955年，弗里德曼在《政府在教育中的作用》一文中提出了教育券理论。教育券（education voucher）又称学券（school voucher），是指政府把原本直接划拨给学校的教育经费折算成一定数额的有价证券发放给每位学生，由家长为子女自由选择学校接受教育；学校用收到的教育券向政府兑换办学经费。

弗里德曼认为，教育券赋予学生和家长择校的权利，而且通过择校可以促进学校间的竞争，从而提高教学质量。与此同时，政府并不会增加教育支出，只不过将原先划拨给学校的教育经费以教育券的形式发给学生和家长。弗里德曼主张所有适龄儿童获得同等面额的教育券，自由选择不同收费标准的学校，不足部分由学生家长自己支付。

1970 年美国社会学家詹克斯（Jencks）提出补偿性教育券模型，认为教育券应帮助低收入家庭学生克服上学的困难。他倡导教育券应该更多关注教育公平，保证社会弱势群体获得高质量的教育。

詹克斯的补偿性教育券模型认为，所有的家庭都应收到基本面值的教育券，低收入家庭还将收到第二张补偿性教育券。詹克斯是想通过对低收入家庭的额外教育补贴，使这些家庭的子女获得更加公平的择校受教育的机会。在提高公共教育资源的配置效率的同时保证弱势群体受教育机会的公平。

还有皮科克和怀斯曼的收入相关模型。此模型中含有一个收入所得税机制，根据家庭的收入来确定教育券的价值：家庭收入越低，教育券的面值就越高。这一模型既强调市场中教育供给者与需求者的自由选择权，也确保了低收入家庭子女的入学机会，在一定程度上保证了公平。

4.1.2　市场主导型国家的高等教育供给

根据出资方的不同，美国的高等院校分为公立学校和私立学校。美国的私立学校教育非常发达，共有私立大学 2 484 所，占美国大学总数的 59.4%；私立大学的人数为 348 万余人，占美国大学生总数的23.5%。美国的私立学校有很多是由教会开办的，私立大学中教会开办的占 75%。私立大学中有很多一流的大学，如哈佛大学、耶鲁大学、斯坦福大学等。美国的私立大学分为营利性私立大学和非营利性私立大学。公立大学的经费主要来自联邦政府和州政府的拨款，以及学生的学杂费。私立大学的经费主要来自学生的学杂费，同时也从联邦政府获得一定拨款。公立学校和私立学校的录取标准也不相同。公立大学具有一定普及性质，而私立大学的录取标准通常较高。

按照学制的不同，美国的大学通常分为两年制学院、四年制学院和综合性大学。两年制学院又称初级学院或技术学院，多为社区举办的公立大学，因此也称作社区学院。社区学院提供两类课程：一类课程相当于四年制大学的前两年，学习之后可以转入四年制大学；另一类为职业技术课程，学生毕业之后就可以就业。社区学院入学条件简单，无需通过入学考试，不限制学生的年龄，学习时间灵活，越来越受到人们的欢迎。四年制学院分为文理学院或文科学院，和独立的专科学院。主要课程包括：人文学、社会科学、自然科学等。独立的专科学院主要提供专科职业教育，有机械学院、建筑学院、工程学院、音乐学院等。

综合性大学一般设有各类文理学院，除了开设文理课程之外，还有工程与技术、商科、教育、农业新闻等专业。大多数综合性大学注重科研，拥有先进的科研设备，也设有研究生院，为大学和社会输送研究型人才。因此，综合性大学又被称作研究性大学。综合性大学还设有法学院、医学院、管理学院等专业学院。综合性大学颁授学士、硕士和博士学位。

在美国，高等教育的成本由学校、学生、政府、社会等多方共同承担，一方面通过多渠道筹资扩充学校的经费能够增加高等教育的供给；另一方面通过各种方法对学生提供资助，实际上降低了一部分学生接受高等教育的成本，是对高等教育供给价格的调整。

美国高等教育机构的经费来源根据学校是公立大学还是私立大学而有所区别，但总体来说，美国高等教育的经费来源较广，主要有：政府拨款、学生的学费、产品销售与服务收入、捐赠收入等等。通过这些渠道，美国的高等教育拥有较为充足的经费。根据经合组织2003年的教育发展报告显示，在工业化国家中，美国对各级教育的投入按人均来算是最多的。如果将公共教育经费和私人教育投资都计算在内，美国2000年的生均教育经费（从小学教育到高等教育）是1.024万美元，而被调查各国平均每年的生均教育经费为6 361美元。

销售和服务收入，21.6%　其他收入，3.9%　学费，18.6%

联邦政府，10.8%

捐赠收入，0.7%

私人赠与，助学金及合同款项，4.8%

地方政府，3.8%

州政府，35.8%

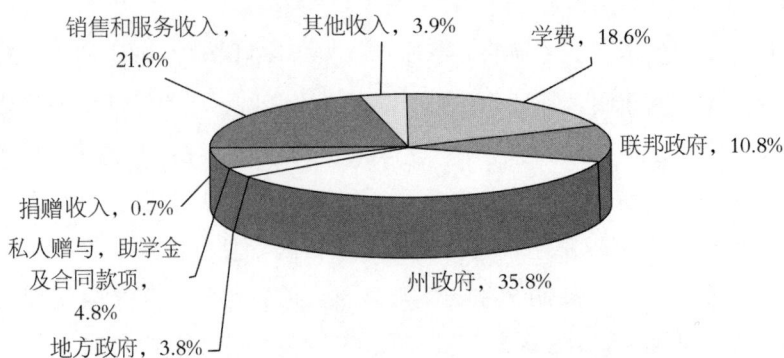

图 4-1　1999—2000 年度美国公立高等教育机构经费来源构成

资料来源：美国教育部、国家教育统计中心 2002 年教育统计摘要。

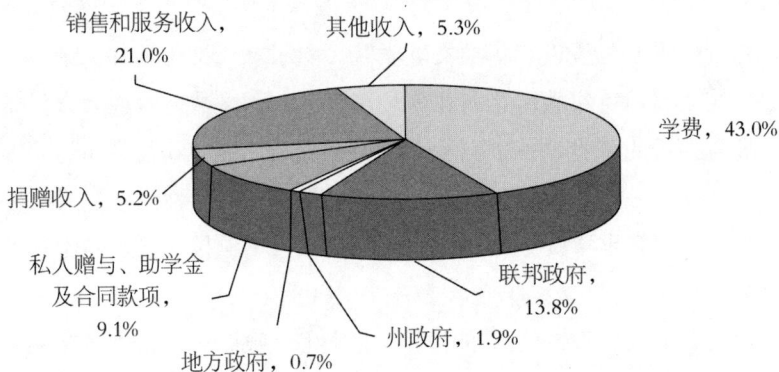

销售和服务收入，21.0%　其他收入，5.3%

学费，43.0%

捐赠收入，5.2%

私人赠与、助学金及合同款项，9.1%

地方政府，0.7%　州政府，1.9%

联邦政府，13.8%

图 4-2　1999—2000 年度美国私立高等教育机构经费来源构成

资料来源：美国教育部、国家教育统计中心 2002 年教育统计摘要。

1. 政府

美国高等教育中的政府投入来自联邦政府、州政府和地方政府。公立高等学校的经费来源大约有一半来自政府的财政拨款。私立高等学校也从政府获得一定拨款。

2. 学费

学费是美国高等教育的重要来源。根据 1996 年至 2000 年的数据，公立高等学校的经费中有大约 18.5%~19%来自学费，私立高等学校的经费中有 42.4%~43%来自学费。例如，1995 年，美国的综合性大学平均学费为 3 032 美元，州立大学平均学费为 2 402 美元，社区大学为 1 314

美元，私立大学为 11 709 美元。

3. 产品销售与服务收入

产品销售与服务收入包括教育活动收入、辅助企业收入和医院收入。高等学校具有人才、科技等方面的优势，能够将科技成果转化成新产品和服务，并通过提供产品和服务获得一定收入，作为教育经费，用于高等学校的自身建设。一些科研力量强、设施好的高等学校获得的经费非常可观。产品销售和服务收入现在已成为高等教育的一个重要来源。根据美国教育部、国家教育统计中心 2002 年统计摘要，产品销售和服务收入在 1999—2000 年度占美国公立高等教育机构经费来源的 21.6%。

4. 捐赠收入

在西方国家，教育捐赠具有悠久历史。早在中世纪，教会的牧师和有识之士就通过捐赠财物的方式办学助学。那时的教育捐赠出于个人的自觉自愿。随着高等教育的发展，教育捐赠成为筹集教育经费的重要手段，政府开始把教育捐赠上升到制度建设的层面，鼓励社会各界人士和企业组织对教育事业捐款捐物，教育捐赠快速发展起来。美国的乔治匹巴教育基金曾经捐赠 200 万美元用于美国南方各州发展教育；著名的卡耐基基金会对高等教育的资助力度有时甚至超过政府，洛克菲勒也捐出 60 万美元成立芝加哥大学；史洛恩基金会捐赠 6 400 万美元给麻省理工学院。目前美国有 4 500 个基金会正在从事教育捐赠活动。美国高等学校捐赠多种多样，根据捐赠的内容，包括：现金捐赠、证券捐赠、不动产捐赠、有形资产捐赠等等。现金捐赠是指捐赠人将现金作为捐赠内容捐赠给学校，这种方式最受学校的欢迎。证券捐赠是指捐赠人将有价证券作为捐赠内容捐赠给学校，由于证券可能会增值，因此捐赠者捐出的金额可能高出其付出的金额。不动产捐赠是指捐赠人将房屋的所有权捐赠给学校，但保留房屋的终生使用权。在捐赠者去世之后，学校可以将房屋出售或者按照捐赠者指定的用途使用。有形资产捐赠包括捐赠图书、教学设备、仪器等等，都对学校的发展起到了积极作用。

5. 校企联合

校企联合是指利用学校和企业两种不同的教育资源和教育环境，采用课堂教学与学生参加实践工作有机结合的方式提供教育。校企联合是开展继续教育的一个有效途径，它既能充分有效地利用高等学校的教育资源，又能为企业做好职工的继续教育工作，为企业获得更大的发展打下坚实的人才基础。高校还可以通过面向企业来探索继续教育的其他途径和模式，获得第一手的资料，同时也解决了办学经费不足和实习实验基地缺乏等问题。

除了多渠道获得高等教育经费，增加高等教育的供给之外，美国政府还采取多种措施为学生提供资助，间接地降低高等教育的供给价格，从而增加学生对高等教育的需求，为社会培养更多高素质人才。美国对高等教育的学生资助包括：奖学金、大学学费预付计划、助学金、学生贷款、半工半读等等。

1. 奖学金

奖学金是政府或其他社会组织或个人对才能突出、成绩优异的学生的一种货币奖励。奖学金通常直接支付给学生本人，是政府或其他社会组织或个人为发展教育事业而做出的资金投入，因而是教育供给的一种方式。奖学金只发给才能突出、成绩优异的学生，从而使这部分学生的学费实际上得到了一定程度的减免，是一种价格歧视。价格歧视是指商品或服务的提供者在向不同的购买者提供相同等级、相同质量的商品或服务时，在购买者之间实行不同的销售价格或收费标准。奖学金能够鼓励优秀人才以更低的成本继续求学深造，有利于为社会培养更多优秀人才。

美国的联邦政府、州政府都有不同的奖学金项目。佩尔奖学金（Pell Grants）是目前美国联邦政府提供的数量最大的奖学金，每年有400多万学生获得这项奖学金。1996年起，联邦政府的佩尔奖学金增加25%，将每生每年获得该项奖学金的最高限额提升到 3 000 美元。

各州也有大学奖学金项目。例如，佐治亚州政府建立了"帮助优秀学生受教育"奖学金项目，奖学金的经费来自州内的彩票公司。凡在高中学习成绩均在"B"以上的学生，在大学期间仍能保持这一成绩，就可以获得免费在州公立大学学习四年的机会。马里兰州在 1996 年也对本州学生提供奖学金，发放对象是家庭年收入在 6 万美元以下，在大学期间的成绩在"B"以上的学生。

2. 大学学费预付计划

1996 年 10 月，弗吉尼亚州州议会批准实行大学学费预付计划，并成立了弗吉尼亚高等教育学费信托基金，参加计划的家庭可以提前一次性或分期预付子女的学费，这些预付款存入基金，以后孩子上大学将由该基金全额负担。目前美国至少有 12 个州建立了类似的大学学费预付计划项目。

3. 助学金

助学金是政府或学校对家庭经济困难的学生发放的用以保障生活和学习费用的一种资助。助学金是对学生所实施的一项福利待遇。和奖学金不同，它并不根据学生的学习成绩发放，而是主要适用于生活上有经济困难的学生，并根据具体情况发放，以解决这些学生的部分或全部生活费用、学习费用。和奖学金一样，助学金实际上也是一种价格歧视，对接受同类同质教育的学生收取不同的学费。助学金有助于扩大接受教育的人群，使一些原本因为家庭经济困难而无法继续求学的学生有机会接受教育。此外，助学金还能够帮助大学，以免大学因自身经济原因满足不了学生资助的需求。

美国联邦政府设立了以资助贫困学生为主的助学金制度，联邦政府和州政府每年都要在预算中列出助学金项目，并从法律上对助学金给予保障。对助学金的竞争通常非常激烈，大约只有 1/3 的申请者可以获得助学资助。

4. 学生贷款

学生贷款是指由政府和非政府组织或个人提供资金，向学生提供在校学习期间所需的学费、住宿费及生活费的贷款。在美国，大学生贷款主要有三个来源：政府基金、政府担保由私人银行出资的贷款、大学设立的贷款基金。不同的贷款，面向的学生群不一样，贷款的利率、还款方式也各不相同。

帕金斯贷学金是由学校向家庭经济特别困难的大学生和研究生发放的贷款。这项贷款全部由政府出资，由学校操作。学生在校学习期间的利息由政府支付，学生从毕业或离校后 9 个月开始还款，还款期限通常为 10 年。一名本科生一共可以借 1.5 万美元，研究生可以借 3 万美元。

斯坦福贷款由联邦政府提供担保，由商业银行出资借贷。斯坦福贷款是美国最大也是最重要的学生资助项目，占美国联邦担保学生贷款总额的 4/5。贷款主要贷给"有经济资助需要的学生"。家庭困难的学生还可以通过申请斯坦福贷款的"政府贴息贷款"，得到政府的利息补贴，自己不用支付大学期间的贷款利息。一个本科生最多可以贷款 4.6 万美元，一个研究生可贷款 13.85 万美元。中产阶级家庭学生则可以申请"无贴息贷款"，政府不为学生支付他们在校期间的贷款利息。

联邦直接贷款由联邦教育部发放。参加这个贷款项目的高等院校可以从美国教育部直接获得贷款资金，并向符合借款条件的学生发放贷款。

中产阶级由于收入较高，无法申请其他贷款。中产阶级家庭可以为子女申请学生家长贷款。学生家长贷款在发放的时候，既不考虑学生家庭的资产和收入情况，也不需要担保人，只需贷款人拥有良好的信用记录即可。贷款的额度也很高，可以帮助学生完成整个学业，其利率上限为 9%。

为了鼓励学生在毕业后按期偿还贷款，一些贷款机构会对按期还贷的学生提供优惠政策。例如，如果贷款学生在还款的头 24 个月，都能做到准时偿还贷款，一些机构会免除一部分费用，作为按时还款的"奖励"。如果贷款学生持续 48 个月按期偿还贷款的话，获得的优惠就更多了，部分贷款机构将把学生尚未偿清的贷款利率降低 2%。另外，为了防止一些学生拖欠贷款，银行和其他贷款机构会将拖欠者的账户转给专门的追款机构，并将助学贷款违约记录输入美国的个人资信系统中。拖欠者将一辈子带着这种污点，为其以后的生活带来极大不便。

5. 半工半读

半工半读是指大学生在就学期间，利用课余时间参加由学校或其他机构提供的工作，通过赚取工资保证其完成学业的经费来源。美国的半工半读主要有两种形式：一种是合作教育计划；另一种是工读计划。

合作教育计划主要为二年级以上的大学生提供资助。参加这一计划的大学生需要在学校全天学习一段时间，然后到参加该计划的企业或公司全天工作一段时间。学生通过交替方式，一边学习，一边工作。通过工作，学生可以获得足够的经济来源，用于在校期间的各种费用开支。

另一种半工半读的方式是工读计划。工读计划主要由联邦政府基金资助，安排学生在校内工作，获得一定收入，但是对每周工作时间有着明确的规定。

4.2 政府主导型的教育供给模式

日本的教育供给以政府为主，但私立教育也非常发达。日本政府向来重视教育，联合国教科文组织在一份名为《学会生存》的报告中指出，教育发展一般是滞后于经济发展的，而日本却成功地使教育发展先于经济发展，这是人类历史上的第一次。近现代日本实现了两次经济飞跃：一次是明治维新之后，另一次是在第二次世界大战后。这两次飞跃都与政府对教育的高度重视分不开。明治维新后，新政府非常重视教育，主管教育的文部省的经费是政府各部门中最多的。教育的普及为日本培养了大批有文化的劳动者，为工业的飞速发展奠定了基础。

日本教育的另一个成功之处在于，政府根据不同时期经济的发展变化，调整教育的重点。二战之后，日本在经济严重受挫的情况下仍然大力发展教育。当时日本正处在经济恢复时期，重点是普及初等义务教育，这是为了提高劳动者的文化素质。1947 年通过了《基本教育法》，规定实施九年制免费义务教育，到 20 世纪 70 年代基本普及了九年免费义务教育。

20 世纪 80 年代，日本的经济有了快速的发展，产业结构从资本密集型的重化工业转向知识密集型产业，政府又将教育的重点放在培养技术人才上，培养出一大批能够自主开发新技术的高级人才和熟练应用新技术的中级人才。为此，日本政府在 70 年代又开始普及高中教育，到 1980 年，高中阶段的入学率超过了 90%，高于英国、法国、德国等发达国家。日本高度发达的教育系统为经济的快速发展提供了不可或缺的人力资源。正是由于日本一直坚持"教育先行"的战略，教育事业得到了蓬勃发展，为经济发展提供了大量优秀人才，日本的经济才会迅猛发展。

日本的教育分为初等教育、中等教育和高等教育。初等教育指的是小学 6 年；中等教育包括初中 3 年，高中 3 年；高等教育则根据学校的类型有不同年限。

日本的高等教育机构大体分为四类：高等专门学校、专修学校、短期大学、大学（包括学部和大学院）。高等专门学校的学制通常为五年，主要培养能适应社会发展的现代化科学技术人才。专修学校的学制通常为二年，以职业教育为主，学生毕业后通过规定考试获得相应的国家资格证书。短期大学的学制通常为二年，开设多为教育、外语、美术、旅游、保健、家政等实用性专业。学生毕业后可获得短期大学毕业文凭和相应的资格证书，希望继续深造的学生可申请插入相应学科的本科三年级学习。日本的大学通常是四年制，还设有研究生院。研究生院培养硕士和博士，硕士学制为两年，博士学制为三年。

1872 年，日本政府开始强制推行小学义务教育，1947 年将义务教育的范围扩大到初中。到 20 世纪 50 年代中期，全国 25 岁以上的人口中，受教育率高达 94%。在 70 年代中期，日本基本普及了高中教育；目前，日本的高中入学率高达 95%。

日本教育的发展得益于政府对教育的巨额投入。在 1955 年，日本政府的教育经费就高达 4 373.5 亿日元，到 1997 年，增长到 30.30 兆日元，是 1955 年的 69.46 倍。日本的公共教育经费占日本国民生产总值的比重在 1980 年为 5.8%，1985 年为 5%，1990 年为 4.7%，1997 年为 3.6%。虽然这一比例略有下降，但日本的人均教育经费仍高达 1 203 美元，居世界首位。

日本在行政上划分为三级：中央、都道府县、市町村。都道府县相当于中国的省、直辖市。市町村相当于中国的市、县。日本的税收分为中央税和地方税，中央税占 65%，地方税占 35%。由此可见，日本的财力由中央高度集中，因此中央和地方在财政实力上"垂直不平衡"。由于地方与地方之间在经济发展上也存在着较大差异，地区间也存在着"横向不平衡"。义务教育、卫生、基础设施等公共服务由中央和地方共同承担或由中央委托地方承办。

4.2.1　政府主导型国家的基础教育供给

根据日本的《教育基本法》和《义务教育费国库负担法》，义务教育经费由国家、都道府县、市町村共同承担，以国家财政承担为主，地方财政已转移支付的形式进行分担。地方的分担费用实际上出自地方税收返还的转移支付金。不同地区和不同年度的教育经费在同级财政预算中所占的比例有所不同。在经费开支上，学校教职员工的工资国家负担1/2，都道府县负担1/2；学校的校舍建设国家负担1/2~2/3，市町村负担1/3~1/2；学校的教材教具等由国家负担1/2，都道府县和市町村共负担1/2。

二战之后日本政府开始推行营养午餐计划，并在1946年实行了学校午餐制。1954年，日本颁布了《学校营养午餐法》。目前已有100%的小学和80%的中学实施了营养午餐计划。据教育部赴日学生营养考察团介绍，日本中央财政负责提供配餐中心及学校配餐室的硬件与设备，地方政府提供工作人员的工资及运输费用等，学生家长只交营养配餐的原材料费。因此，学校营养午餐的价格仅为市场价格的约1/3到1/2，为250~300日元。特困学生可享受免费午餐，免费午餐的费用由国家和地方财政各出一半。

4.2.2　政府主导型国家的高等教育供给

按照办学主体的不同，日本的高等教育机构又可以分为国立大学、公立大学和私立大学。国立大学指的是国家教育局办的大学，如东京大学、京都大学等等。国立大学的经费主要由国家负责，列入国家财政预算。公立大学指的是都、县、市等办的大学，如横滨市立大学、东京都立大学、群马县立女子大学等等。公立大学的经费主要由地方政府负责，国家根据地方的税收制度采取一定措施，使教育经费保持在一定水平。国立大学和公立大学的经费来源主要来自政府的财政拨款，占80%以上；还有一部分来自学生交纳的学费，约占10%。私立大学指的是由某个财团出资的大学，如有名的早稻田大学、庆应大学、明治大学等等。私立大学的经费主要来自学生的学费。尽管日本的高等教育以政府为主导，但私立大学的成功经验也很值得中国学习。日本大学有 80%是私立大学，很多在世界上享有盛誉的名牌大学都是私立大学。私立大学的经费主要有五个来源：学费收入、中央政府财政援助、社会服务收入、团体和个人捐赠、科学研究收入。第一个来源是学费收入。学费收入是日本私立高等学校的主要经费来源，约占总经费的 70%。第二个来源是中央政府财政援助。一开始，日本中央政府不对私立学校进行财政援助，后来由于私立学校对国家的教育事业产生了巨大的正外部性，日本政府于 1975 年 7 月颁布了《私立学校振兴援助法》，从法律上规定了国家对私立学校的责任。1980 年，中央政府对私立学校的援助占私立大学办学经费的 29.5%。近年来，这一比例有所减少，但仍保持了一定的增长。第三个来源是社会服务收入。社会服务收入也是日本私立高等学校的经费来源之一，主要包括学校经营房地产、医院对外服务、对外租借学校设施等活动获得的收入，在日本私立高等学校办学经费总额中约占 10%左右。第四个来源是团体和个人捐赠。根据捐赠的来源，捐赠分为公司捐赠、团体捐赠、个人捐赠和校友捐赠等等。根据捐赠的用途，可以分为特别捐赠和一般捐赠。特别捐赠是指定用途的捐赠，例如，用于购买教学设备、提供奖学金等等。一般捐赠不指定用途，可以自由使用，但必须用于学校的教育相关用途。根据日本私立高等学校协会统计，1982 年各种捐赠总额达 414.2 亿日元，占该协会中高等学校总经费的 7.1%。第五个来源是科学研究收入。为了保证大学有充足的经费进行理论研究和应用科学研究，日本的文部省向大学提供科研补助费。私立大学也可以获得这项补助。1985 年日本书部省提供的科研补助费为 3 172 亿日元，其中国立大学获得了其中的 75.3%，私立大学获得其中的 6.1%。

4.3 历经转型的教育供给模式

澳大利亚的教育供给模式经历过从主要由政府提供到主要由个人分担的转型过程。根据澳大利亚联邦宪法，教育事务由各州政府、领地政府负责管理。各州、领地政府对教育的责任包括对初级和中等教育的行政管理和拨款，以及对职业教育和培训的行政管理和拨款。

最初联邦政府没有在法律上管理的义务，但随着时间的推移，联邦政府也通过联邦拨款、设立专门教育项目等手段，越来越多地介入对教育事务，如对高等教育的拨款，对学校、职业教育、培训等提供补充经费，加强对土著居民、移民的教育和培训，开展国与国间的合作与交流等等。州和领地政府也能从联邦政府申请到特别用途的专项经费。除了具有重要的拨款功能以外，联邦政府也在促进全澳教育和培训的公平性、一致性和连续性方面发挥极为重要的作用。

澳大利亚的教育体制分为中小学、职业教育与培训、高等教育三个部分。澳大利亚实行10年义务教育，11年级和12年级为自愿性质的非义务教育。各州的学制略有不同。

4.3.1 历经转型国家的基础教育供给

2003年澳大利亚全国共有中小学9 590所，其中政府学校6 970所，占学校总数的73%，非政府学校2620所，占学校总数的27%。在澳大利亚，学生由5岁起入读幼儿园或预备班，之后是6年的小学、3年的初中和3年的高中。大部分州的基础教育学制与中国基本相仿，也有的州实行不同的学制。学生完成12年中小学教育后，即可获得由州政府颁发的学历资格。澳大利亚所有的大学以及其他国家的一些大学都承认这种学历资格。学生可以选择继续升学、接受职业培训或者直接就业。

澳大利亚的教育管理由联邦政府和州政府共同负责。联邦政府主要负责制定教育的宏观政策、确定国家的教育目标，但不直接管理学校。州政府主要负责中小学教育和职业教育，制定相关的法律法规和具体的管理办法。

在澳大利亚，义务教育经费由联邦政府和州政府共同负担。中小学教育主要由州政府兴办，占总数的75%；私人办学占25%。澳大利亚中小学的办学经费由各州政府投资，约占总经费的4/5，联邦政府提供的教育经费约占1/5，下拨给州政府，也由州政府统一管理。联邦政府还负责非政府兴办的中小学的部分经费。

澳大利亚公民和永久居民的子女在公立中小学享受免费教育，但需缴纳教材、学校设备的使用费等费用。此外，学校要求每位学生每学期缴纳一定数额的"捐款"。学校尽管没有明确具体数额，但一般每年都要交纳数百澳元的"捐款"。

4.3.2　历经转型国家的高等教育供给

澳大利亚共有拥有自我评定权的大学 42 所，其中公立大学 38 所，私立大学 4 所。高等教育在校生有 69.5 万人。澳大利亚高等教育机构分为四类：大学、其他有自我评定权的高等教育机构、非大学类高等教育机构、宗教院校。

第一类机构是大学。澳大利亚对"大学"这一名称的使用非常严格，有一定的使用标准。现在以大学名称命名的高等教育机构共有 39 所，其中两所为私立大学。联邦政府建立的大学有两所，即澳大利亚国立大学和澳大利亚海洋学院；其他大学都由所在的州、领地立法成立。各大学都有自主开设课程和授予学位的权利，都接受或部分接受联邦政府拨款，一般都有多个校园。

第二类机构是其他有自我评定权的高等教育机构。这类院校尽管不以大学命名，但都依法成立，有自主开设课程和授予学位的权力。有的院校由联邦政府拨款。根据联邦教育部的统计，前两类高等教育机构 2000 年的学生数量约为 69 万，其中公立大学的学生数约为 64 万，私立高等教育机构的学生数约为 5 万。

第三类机构是非大学类高等教育机构。澳大利亚非大学类高等教育机构共有 60 所，这些机构一般有学士学位、硕士学位、研究生证书、研究生文凭中的一个或多个学位或学历的授予权。他们属于非自主类院校，无权自主开设课程或提供学历教育。如果要开设课程或提供学历教育，须得到相关州或领地高等教育审批机关的批准。

第四类机构是宗教院校。这类院校共有 32 所，与第三类院校一样，这类院校也是非自主院校，其课程和学历都要由其所在州或领地高等教育审批机关批准。

澳大利亚联邦议会或者州议会负责立法设置大学，大学与政府达成协议，根据协议自主管理。联邦政府并不直接管理学校，但通过对州的控制间接管理学校。每年，联邦教育部长都和各州、各领地的教育部长召开会议，共同探讨澳大利亚教育的国家目标。

联邦政府主要负责职业教育与培训、高等教育。联邦政府给各州政府的教育拨款，有的是有附加条件的。各州在获得拨款之后，需要每年向联邦政府提交报告，上报经费的使用情况，接受联邦政府的监督。带附加条件的专项拨款用于实现国家的教育目标。

2001 年度，澳大利亚 42 所高等教育机构从联邦政府和社会各界所获得的高等教育经费总额达 90 亿澳元，约占 GDP（5 952.08 亿澳元）的 1.51%；其中联邦政府对高等教育拨款总额达 58.6 亿元，约占 GDP 的 0.98%。

1987 年以前，澳大利亚的高等教育经费完全由政府支付，学生可以免费接受高等教育。这一政策使澳大利亚政府财政入不敷出，限制了高等教育的继续发展。从 1987 年开始，澳大利亚开始对高等教育实行成本分担制度，学生不再享受免费接受高等教育的优惠。为了防止一些学生因为家庭经济条件的限制无法负担学费，澳大利亚建立了完善的高等教育资助体系，既包括高等教育供款系统、研究生教育贷款系统等帮助学生支付学费的贷款，也包括青年津贴、学习津贴和学生财政支持系统贷款等帮助学生支付日常生活费用的贷款。

高等教育供款系统是联邦政府向学生提供的无息助学贷款，学生可以用于支付学费。这笔贷款在学生毕业工作之后，收入达到一定水平的时候才开始偿还。如果学生毕业后的工资水平低于这一水平，则无须偿还。目前，毕业生年薪达到 22 000 澳元的时候，必须用 3% 的年薪偿还贷款；当年薪达到 42 000 澳元的时候，必须用 6% 偿还贷款，直到还清为止。如果学生在毕业后立即支付学费，则可以享受 25% 的折扣。如果年薪始终没有达到 22 000 澳元，则终生不必偿还。

这种偿还贷款的方式给学生的压力较小，因为没有利息，学生不必急着还贷；而且将还贷金额与年薪挂钩，对学生毕业后的生活影响也较小。对于政府来说，至少一部分学生是需要偿还贷款的，高等教育给政府的财政带米的压力有所减轻，政府可以用学生偿还的贷款扩大发展高等教育。但另一方面，政府必须提前预支学生的学费，仍然需要强大的财政支持；而且，需要制定良好的相关配套政策，防止有些学生瞒报收入，拒还贷款。同时，由于人才的国际流动性日益加强，需要防止学生出国之后延迟或拒不偿还贷款。

研究生教育贷款系统为攻读研究生课程的学生提供无息贷款。学生可以申请研究生教育贷款，用以支付全部或者部分学费。贷款由联邦政府直接支付给学生所在学校。学生毕业后，收入达到规定水平后，开始按一定比例偿还贷款。

高等教育供款系统和研究生教育贷款系统是有区别的。高等教育供款系统中，学生支付的学费只占培养成本的 25%，联邦政府支付其余的 75%；而研究生教育贷款系统中，学生须支付全部的培养成本。如果一名学生通过高等教育供款系统完成大学本科课程之后，又通过研究生教育贷款系统攻读硕士研究生，那么两笔贷款将合成一笔，待学生毕业工作后偿还。

上述两种贷款是帮助学生支付学费的，还有一些贷款是帮助学生支付生活费用的，如青年津贴、学习津贴和学生财政支持系统贷款。

澳大利亚 16~24 岁的学生可以得到青年津贴。如果学生独立生活，则可以得到较高的青年津贴；如果学生和父母一起生活，则可申请的青年津贴要根据父母的收入情况而定。

25 岁以上的学生可以申请澳大利亚学习津贴，每两周对 25 岁以上的学生发放一次，但不包括研究生学历以上的学生。

学生财政支持系统通过私人银行提供，学生可以用青年津贴和学习津贴换取两倍的学生财政支持系统贷款。贷款免息，前 5 年无需还款，5 年后政府向私人银行买回债券，由税务部门向学生收回贷款。

澳大利亚高等教育成本分担政策取得了良好的效果，在很大程度上解决了政府教育经费不足的问题，使澳大利亚的高等教育得到了快速发展。在澳大利亚实行免费高等教育的时候，教育规模受政府财力的限制，很多学生没有机会接受高等教育。1988 年，澳大利亚的公办高等学校只有 16 所，在校生 41 万人。采用高等教育成本分担政策之后，学生承担了合理的教育成本，教育规模扩大了，使更多的学生拥有接受高等教育的机会。目前，澳大利亚的公办高等学校已增加到 37 所，在校生 70 万人。

通过高等教育成本分担政策，澳大利亚成功地增加了国内的教育供给；同时，澳大利亚政府还积极鼓励外国留学生到澳大利亚求学，为外国留学生提供到澳大利亚接受教育的机会。1988 年，澳大利亚通过《高等教育经费法》，规定外国留学生必须承担全部培养成本。澳大利亚的教育机构加大了海外宣传力度，赴澳留学的留学生与日俱增。根据 "2003—2005 高等教育研究报告"，2002 年澳大利亚通过招收留学生获得的收入高达 50 亿澳元，占其出口收入的 2.3%，成为澳大利亚重要产业之一。澳大利亚的一些学校还在有些国家开设了自己的分校。

4.4 过度超前的教育供给模式

印度和中国一样，都属于发展中国家。印度的教育发展对中国有着特殊的借鉴意义。发达国家的教育发展给中国提供了先进的经验，而印度的教育发展则既为中国提供了经验，也提供了教训。

1947 年 8 月 15 日，印度摆脱了英国的殖民统治获得独立。1950 年实施的宪法确定印度是一个由各邦和中央直辖区组成的联邦制国家，并规定教育主要由各个邦负责。中央教育行政提供教育咨询，并协调地方各级教育发展；各邦有权制定自己的教育政策，行使直接的行政管理职责。

印度各邦的社会、经济发展不平衡，各地的教育体制也各不相同。从全国范围看，印度的教育体制一般分为三级：第一级为基础教育，包括小学和初中，共 10 年；第二级为中等教育，即高中，共 2 年；第三级为高等教育，包括大学、多科技术学院和各类专业学院，修业年限一般为四年。

4.4.1　过度超前型国家的基础教育供给

印度实行 8 年制义务教育。为此，印度还采取了各种措施，如实行学校国有化；对少数办得好、质量高的私立学校，由政府拨给补助金；逐步实行普及教育免费；逐步扩大 8 年义务教育制。据统计，印度独立时，仅有各类小学 17 万所。到 1990 年时初级小学已发展为 55.07 万所；高级小学 9 万所。基础学校在校学生数，独立前夕大约为 1 700 万，到 1990 年时已达到 1.2951 亿。

4.4.2　过度超前型国家的高等教育供给

在殖民统治时期，印度就建立了加尔各答大学、孟买大学和马德拉斯大学，但到独立前的 1946 年，仅有 18 所大学和 600 多所单独的学院。独立以后，印度的高等教育迅速发展。到 1990 年至 1991 年度，已有大学 147 所，独立学院 6 912 所。高等院校的学生数也由 1951 年的 17.4 万人，猛增到 1991 年的 424.7 万人。印度的高等教育经费在教育总经费中所占的比例也一直在大幅上升，例如，"四五"期间为 24.8%，"五五"期间为 22.7%。即使与发达国家相比，印度高等教育的发展速度也是很快的。

印度的大学分为中央大学、邦立大学和相当于大学的高等教育机构。中央大学根据中央立法设立，由中央政府拨款和领导；邦立大学根据邦立法设立，由邦政府拨款和领导；相当于大学的高等教育机构不是法定的大学，但在特定专业方面具有特色。

高等教育大众化。印度独立以后，高等教育一直增长迅速，学校数、学生入学人数和教育经费都在猛增。印度教育经费投入出现了不平衡：初等教育经费的投入总体呈下降趋势，而高等教育投入却在盲目攀升。这导致印度出现了培养出来的人才不切合本国需要，高科技人才大量外流，大量大学毕业生待业和失业等社会问题。

4.5　其他经验

1. 英国

在英国，英格兰、苏格兰、威尔士和北爱尔兰各自具有独立的教育体制，教育经费的来源也各不相同。但总体来说，英国的义务教育经费主要由地方政府负担，占义务教育经费的80%以上。

英国的大学很早已有了大学生资助政策。20世纪中期以来，英国政府开始介入对大学生的资助事务，向优秀大学生颁发奖学金，形成了具有特色的"免除学生学费加助学金"的资助办法。英国国会制定了《1962年教育法》，规定"政府为学生缴纳学费，并向学生提供奖学金"，这一模式一直持续到1990年贷学金制度的实施。

1991年以后，英国原来的拨款资助份额大大降低，学生贷款越来越普及。英国对本土学生一贯采取"低学费"政策。2010年10月中旬，受到英国财政全面紧缩的影响，英国政府宣布"高等教育涨学费计划"。根据计划，从2011年起，英国政府将在未来四年削减高校40%的教育经费，这意味着高校来自政府的投入将减少40亿英镑。计划进而提出从2012年起，英国高等教育的学费上限将上涨，目标对象是英国本地、欧盟学生。

2. 韩国

韩国政府主导优先发展基础教育。1953年朝鲜战争后，韩国政府实行了《完成义务教育6年计划》和《扫盲5年计划》等政策，韩国的教育事业得到了长足的发展，适龄儿童的就学率由1953年的72%提高到了1959年的96.4%。韩国政府投入大量资金用于发展教育，朝鲜战争后的第三个五年计划期间，韩国政府共投资536.7亿韩元用于基础教育的设施改建，投资86.7亿韩元用于向小学生免费提供教科书，同时大力促进中学教育和高等教育的发展。

20世纪50年代韩国政府文教经费预算的75%用于基础义务教育。到1976年韩国已经完全普及了六年制义务教育。1985年韩国开始在偏僻地区实施初中免费义务教育，1994年初中义务教育扩大到郡、镇一级。正是因为有发达的教育，韩国的经济才能迅速崛起。

3.德国和法国

在德国，义务教育经费由中央政府、州政府和地方政府共同负担。中央政府所占比例很小，仅有 3%左右，州政府负担 75%，地方政府负担 20%。

在法国，义务教育经费主要由中央政府和地方政府共同负担。中央政府对义务教育经费负担 70%以上，其余由地方政府负担。

4.6　国外教育供给的经验对中国的启示

采用市场主导型教育供给模式的美国基础教育在教育经费的来源和教育券的使用等方面对中国有一定的启示作用。在美国，义务教育的经费除了来自政府之外，还来自专项教育经费、教育彩票、教育税、私人捐赠、企业教育专项支持金、学区（学校）的服务性收费等多种来源。中国的义务教育发展不均衡，在经济较发达地区学生的入学率较高，而在经济发展比较落后的地区仍有很多学龄儿童因为贫穷而失学。为此，中央和省级政府可以划拨专项教育经费，用于在落后地区改善办学条件、提高教学质量。专项教育经费还可以用于教育改革的试点等其他用途。

目前中国尚无教育彩票，教育彩票还是人们争议的话题。有人认为教育彩票能够为教育事业筹集资金；也有人认为教育是崇高的事业，不应当用这种方式来为教育筹资。从对美国的研究可以看出，教育彩票为美国的教育筹集了大量资金，并主要用于发展公立的基础教育。这是因为基础教育具有更强的公共品属性，主要应当由政府提供。而当政府的资金有限时，就需要考虑通过其他的渠道保证基础教育的经费充足。在中国已经存在体育彩票，体育彩票为体育事业的发展起到了一定的推动作用。教育彩票也将会对中国的教育事业起到巨大的推动作用。在基础教育经费短缺的情况下，还是应当尽量通过更多种类的来源渠道，增加教育经费。

中国虽然已有私人和企业捐赠的先例，但在这方面仍有很大的发展空间。不能单纯依靠宣传教育的作用来鼓励私人和企业捐赠，还需要采用经济手段鼓励增加私人和企业捐赠的动力。同时，也要鼓励私人和企业以多种形式捐赠，包括货币、实物等等。

学校的服务性收费也能为中国的基础教育带来一定收入。当学生放学之后，学校的操场、教室可以用于附近居民的学习、健身，学校收取一定费用。这样既方便了附近居民，也为学校增加了收入。

教育券是改善教育资源利用效率的一种工具，中国的浙江长兴已经采用了教育券。在基础教育中利用教育券应当充分考虑中国的国情和当地需要解决的主要问题，灵活地采用排富性教育券或非排富性教育券，而不能盲目照搬。

美国的高等教育在私立大学的兴办和对学生的资助方面对中国有一定的启示。通过研究可以发现，中国和美国在高等教育中的私立学校教育方面有很大差别。美国高等教育中的私立学校教育比较发达，私立学校的数量在美国的高等教育学校中约占一半，而且很多名校都是私立学校。相比之下，中国的私立大学起步较晚，名校也较少。中国的私立学校用了不到二十年的时间经历了从无到有的发展历程，2003年全国民办高等学校175所，在校生81万人。在中国，私立学校的发展还不够完善，力量也比较薄弱，中国的高等教育仍然以公立大学为主，私立大学还没有发展到与公立大学相同的地位。公立大学的经费主要来自政府拨款；而私立大学的经费则有很大部分来自学费。中国的高等教育经费不充足，除了应大力发展依靠政府拨款的公立大学之外，还应该大力发展依靠学费的私立大学。这一方面能够解决中国高等教育经费不充足的问题，另一方面也能够为有需求的学生提供更多的接受高等教育的机会。和公立大学相比，私立大学有其自身的优势，比如在学科设置上更加灵活，更加贴近社会的需求，能够及时根据社会对人才的需求改善教学内容，提高教学质量。但另一方面，由于经费有限，私立大学的设备往往不如公立大学新，设备质量不如公立大学高，设备种类也不如公立大学齐全。

中国的私立大学应当向美国的私立大学学习经验，拓宽教育经费的筹集渠道，比如，广泛征集社会各界人士捐赠；将学校研发的科研成果转化成为新产品或新服务，通过销售产品或提供服务获得教育经费，或者申请专利；同企业联合办学，一方面根据企业对人才的具体要求向企业输送高素质人才，另一方面利用企业的环境和设备为学生提供实习、实践的机会。同时，政府也应加大对私立大学的经费支持，并鼓励社会各界人士捐款、捐物支持高等教育，为捐资助教的个人和组织提供税收减免等优惠措施。捐赠的内容可以是货币，也可以是有价证券、教学设备、不动产等等。

在对美国高等教育的研究中可以看到，在美国无论公立大学还是私立大学都依靠多种渠道筹集教育经费，即使是公立大学也有大约一半的教育经费来自非政府渠道。对于现阶段教育经费并不充足的中国高等教育来说，这无疑是一条很好的经验。中国的大学，无论是公立大学还是私立大学，都应该不单单依靠政府的拨款，而是努力开发多种经费筹集渠道，依靠自身的力量，利用学校的设施、知识，为学校筹集更多的经费。

在对学生的资助方面，美国采取多种方式减低了学生接受高等教育的成本，并使不同的学生可以利用不同的筹款方式支付学费。虽然由于高等教育能够给个人带来很大的效用，家境较富裕的学生愿意支付较高的学费，但是高昂的学费对普通家庭来说仍然是较重的负担。一般家庭可以参加大学学费预付计划减少学费带来的压力，学生也可以申请各种贷款，或通过半工半读增加收入。学习成绩优异的学生可以申请奖学金。家庭较贫困的学生还可以申请助学金。美国用比较完善的高等教育资助体系帮助有各种需求的家庭和学生获得接受高等教育的机会。目前，中国高等教育对学生及家庭的资助还不够完善，应当借鉴美国在这方面的经验，完善高等教育的学生资助机制，帮助各种家庭背景的学生接受高等教育。

采用政府主导型教育供给模式的日本和中国一衣带水，也有很多经验值得学习借鉴。总结日本教育的发展经验，总体来说，有三点值得我们学习借鉴：第一，日本政府始终坚持"教育先行"的战略，使教育发展先于经济发展。日本并不是等到经济发展到一定程度，有了兴办教育的经费之后，才开始发展教育事业的。相反，日本在经济比较落后的时候，就先行一步发展初等教育；在经济有所发展的时候，再次先行一步，发展中等教育。教育发展始终早于经济发展，为经济发展提前做好准备。

第二，日本政府高度重视教育。众所周知，教育对经济发展有着巨大的推动力。即使在日本战后百废待兴的时候，日本政府仍然投入大量资金用于发展教育事业。可以说，日本的经济腾飞与政府对教育的重视是分不开的。正因为日本政府高度重视教育，所以投入了大量资金用于发展教育事业，使日本的人均教育经费在世界位于第一。中国要发展经济，也离不开教育。我们也应该像日本学习，在政府经费总额不充足的情况下，投入更多资金优先发展教育。只有这样，才能推动经济快速健康发展。

第三，政府根据不同时期经济的发展变化，来调整教育的重点。从对日本的研究中可以看到，日本政府虽然高度重视教育，但并没有在战后立刻实行免费的高中教育，而是在经济发展到一定程度之后才在保障基础教育的前提下，开始大力发展中等教育。在经济发展的初期阶段，如果大力发展中等教育，不但耗费大量资金，而且由于这些人才缺乏用武之地，对经济发展并不能起到很大的推动作用。中国也应当向日本学习，虽然重视教育，但不盲目发展教育，而是使教育发展和经济发展相适应。

具体来说，在基础教育的政府供给方面，日本也有值得我们借鉴的地方。同中国一样，日本的经济发展也存在地区间的不平衡。不同之处在于，在日本，义务教育以国家承担为主；而在中国，义务教育主要由地方政府承担。由于各地经济发展不均衡，各地方政府的教育投入也不均衡，不利于基础教育的健康发展。而由国家承担义务教育的主要责任，则有利于调整各地区的不平衡。国家从总体上对各地区加以协调和调整，对经济较发达地区的教育投入可以适当减少；对经济发展比较落后地区增加教育投入。在细节方面，日本中小学提供的午餐也很值得我们借鉴，不但有利于青少年的身体健康，而且由于对贫困学生提供免费午餐，也是对贫困学生的一种福利。

日本的私立教育非常发达，对中国有着重要启示。日本在 20 世纪 60 年代以后，随着经济的发展和人们生活水平的提高，想跨入高等学府的人越来越多，公立大学无法满足人们对高等教育日益增长的需求，因此，私立大学开始出现，并不断繁荣。1955 年私立大学的学生人数占日本大学生总量的 60%，1965 年增至 70%，现在已经占到 80%。可见，私立大学在普遍提高日本高等教育供给方面有着举足轻重的位置。私立大学在日本人的心目中教育质量和国立、公立大学是一样的，很多名牌私立大学甚至超过普通的国立和公立大学。

日本私立大学的教育质量来自于几个方面：

第一，日本私立大学拥有雄厚的师资力量。这是因为私立大学体制灵活，一方面工资较高，一些名牌私立大学教授的工资，比国立大学要高；另一方面优秀教授的退休年龄较晚，私立大学有名的教授可工作到 70 岁，有些国立和公立大学退下来的一流人才还可以到私立大学再干 10 年。

第二，日本私立大学非常注意根据社会需要培养实用人才。私立大学的学生适应能力强，招之即来，来之能战，深受人事部门的欢迎。例如，东京理科大学在 1976 年设立了应用生物科学系和信息科学系，在 1987 年设立了电子应用系、材料工学系和生物工学系。这些专业都是根据当时的社会需要临时创建的，直到目前仍是热门专业。这说明了学校不仅能够应时而变，同时又很有远见。这些专业自开办以来，向社会输送了大批急需的人才，为日本尖端科学的发展做出了重要贡献。这不但值得中国的私立大学学习，也值得公立大学学习。

第三，日本政府对私立大学一直采取扶持的政策。从 1970 年起，政府对私立大学的资助逐年增多，1970 年为 132 亿日元，今年达 3 142.5 亿日元。在税收方面也给予特别的优惠，不但不收所得税等国税，一些地方税也一概全免；此外还提供低息贷款等；而在政策方面则与国立大学一视同仁。

正因为如此，日本私立大学才能够拥有良好的教学质量。有关调查表明，人事部门最满意的 10 所大学中，私立大学占了 5 所，和国立、公立大学平分秋色。

中国现在正面临着人们对高等教育日益增长的需求和高等教育供给不足的矛盾。以政府投资为主的公立大学无法满足人们对高等教育的需求，中国也正涌现出越来越多的私立学校。但是和日本相比，中国的私立学校起步较晚，教育质量也难以得到保障。中国的私立大学应当借鉴日本的成功经验，一方面提高对教师的工资待遇，高薪聘请有经验有能力的高水平教师执教，保障教学质量；另一方面，要敏锐地发现社会对人才的需求，根据社会对人才的需求设立新的学科，培养与生产实际紧密结合的人才。政府也应当扶持私立大学，通过投入资助、税收优惠、贷款优惠、待遇平等等一些政策，为私立大学的发展创造良好的环境。

日本是一个科技大国，科技立国是日本的既定国策，日本今后会更加重视教育。中国是一个人口大国，充分发挥人力资本的潜力离不开教育，更应大力发展教育事业。

澳大利亚和中国一样，在教育供给模式上经历过转型。澳大利亚的教育供给对中国也起到借鉴作用。在基础教育方面，通过对澳大利亚教育供给状况的研究可以发现，澳大利亚的基础教育实行的是免费教育，教育经费主要由州政府负责。澳大利亚发展基础教育主要依靠政府的力量，中小学的经费主要来自政府拨款。在中国，贫困地区的教育供给非常缺乏。解决这一问题主要依靠的力量也应该是政府。中国政府应当加大对基础教育，尤其是贫困地区基础教育的投入力度。

通过研究还可以发现，在澳大利亚的基础教育供给中，私立学校所占的比例约为 25%。相比之下，中国的私立学校还不够发达。私立学校不但能够增加基础教育的供给，还能为学生和家长在公立学校之外提供另一种选择，有利于社会福利的提高。因此，中国应当鼓励个人和组织兴办私立学校，增加和丰富中国的基础教育供给。在澳大利亚，联邦政府还负责非政府举办的中小学的部分经费，即政府对私立学校拨款，提供经费扶持。这也值得中国借鉴。

在高等教育方面，澳大利亚的高等教育供给模式有很多值得中国借鉴的地方。首先，澳大利亚高等教育的管理是通过联邦教育部长和各地的教育部长每年召开会议，共同研究澳大利亚教育的国家目标。这种管理方式便于联邦政府了解各地教育的实际情况，根据各地具体情况制定教育政策、方针。

其次，澳大利亚高等教育的成本分担也很值得中国借鉴。澳大利亚曾经一度实行免费的高等教育，后来开始实行收费制度，这与中国颇为相似。澳大利亚的高等教育开始收取学费以后，必然会造成一些家庭经济条件较差的学生无力支付学费的现象。为此，澳大利亚政府建立了完善的高等教育资助体系，资助的内容包括学费和日常生活费用，极大地改善了高等教育的供给条件，减轻了贫困学生的经济负担。其中的高等教育供款系统使学生毕业后的还款与工资收入联系起来，既为政府分期收回了部分教育成本，又不会给学生带来过重的负担而使他们望而却步。中国如采用这一方案，应当建立相关的个人信用记录档案和工资收入审核机制，确保符合还款条件的学生都能按时还款。

通过对澳大利亚的高等教育学生贷款的研究可以发现，很多贷款都是无息的，这实际上是对学生及其家长的一种福利。澳大利亚的高等教育学生贷款还有一个特点，就是政府和私人部门都参与其中。这是因为政府的力量是有限的，单纯依靠政府提供学生贷款会给政府带来巨大的财政压力。发动私人力量分担高等教育成本，能够使高等教育的经费渠道更广阔，有利于增加高等教育供给，满足人们对高等教育的需求。

最后，在成功扩大高等教育国内供给的同时，澳大利亚还鼓励外国留学生来澳留学。外国留学生缴纳的学费和澳大利亚本国学生相比较高，这为澳大利亚带来了大量收入，可以用作发展教育的经费。这是值得中国学习借鉴的，应当注意的是，要吸引外国留学生，必须提高高等教育的教学质量，使外国留学生觉得来中国留学是值得的。

印度和中国同属于发展中国家，其经验和教训尤其值得我们借鉴。印度在发展教育的过程中走过弯路，这说明，一个国家的教育要得到健康发展，必须立足本国的实际，根据本国的社会需要和经济发展阶段来发展教育。这对于中国来说也有着重要的借鉴意义。中国的大学不断扩招，目前很多地区都存在大学毕业生就业难的问题，关键在于培养出来的人才和社会经济发展的需要脱节。虽然教育投入不少，但是培养出的人才却不适应社会的需求，造成了资源浪费。一般来说，高等教育是个人就业前最后一个受教育阶段，这一阶段学到的应当是社会需要而又缺乏的技能。如何准确地判断甚至预测社会对人才的需要，从而设置高等教育的课程，这是中国高等教育应当研究的问题。

在义务教育阶段，各国都以政府投资为主，同时注重多渠道融资和市场的介入。每个国家都根据自己的具体国情采取相应的教育投资模式。

这几个国家都非常重视教育，即使在经济困难时期也仍然投入大量经费普及初等义务教育，并尽量扩大到中等义务教育。正是由于教育事业的发达，这些国家才能拥有大量高素质的人力资源，才能推动经济的繁荣发展。

纵观国外的情况，政府对基础教育采取的措施和对高等教育采取的措施都是有差别的。对于基础教育，政府的投入更多一些；而对于高等教育，经费来自学费更多一些。

第 5 章　对教育成本、教育资金和教育筹资的分析

前面提到，教育成本是影响教育供给的重要因素之一，本书对教育供给的研究既包含教育经费或教育资源的筹集，也包含教育经费或教育资源分配的公平与效率，本章就对教育成本及教育资金的筹集进行分析探讨。

5.1　教育成本

5.1.1　教育成本的概念

教育成本包含机会成本。经济学的观点认为资源是稀缺的，选择一种用途就会放弃另一种用途。机会成本就是放弃了的物品或劳务的价值。余永定等认为，机会成本是指把某一资源投入某一用途而放弃的其他用途的价值。衡量它要看使用这种资源的第二种最佳用途的价值。这是机会成本的广义概念。狭义机会成本是指一项资源用于最佳用途时，被放弃的次好用途可以得到的净收入。

微观经济学中关于成本的公式是：

经济利润=销售收入−机会成本

许多经济学家都对教育成本提出了自己的看法。约翰·维泽在

1962 年出版的《教育经济学》一书中提出不但要计量教育的直接成本，还要计量教育的间接成本。美国著名经济学家舒尔茨在 1963 年出版的《教育的经济价值》一书中，提出了"教育全要素成本"的概念，认为教育的全要素成本包括提供教育服务的成本和学生上学时间的机会成本。

本书主要研究教育的供给问题，因而本书中提到的教育成本不包括学生接受教育付出的成本，只包括提供教育服务而耗费的资源的价值，它既包括可以在教育组织账面上反映的会计成本，也包括因资源用于教育而不能用于其他方面所产生的机会成本。

5.1.2　教育成本的分类

教育成本主要是指学校付出的教育的会计成本和机会成本。会计成本是指能够在会计账簿上记录和反映的教育成本，机会成本是指因资源用于教育而不能用于其他方面，所导致的净收入的减少。会计成本包括：人员工资、公务费、业务费、修缮费、折旧费等等。机会成本是指资金用于教育而损失的净收益，如房屋建筑等资产的租金。个人在教育中也付出会计成本和机会成本。其中会计成本包括学杂费、书费、食宿费、交通费、文具等学习用品的费用等等，机会成本是指因上学而放弃的收入和个人投入资金的收益等等。个人的教育成本并不是教育供给直接研究的问题，但和教育供给有着密切关系。如果教育供给时降低学杂费、书费等费用，减少个人付出的会计成本，就会使教育需求增加。当上学的机会成本很高时，一部分人会选择放弃接受教育，从而影响对教育的需求，间接影响教育的供给。个人缴纳的学费可以看作是教育的价格，既是个人付出的教育成本，也是学校获得的收入。

学校会计成本和个人会计成本有重复的部分，学费和其他收费既可以记作学校会计成本，也可以记作个人会计成本。

5.1.3　教育成本分担

1984 年，美国经济学家约翰·斯通首次提出教育成本分担理论。1986 年约翰·斯通在《高等教育的成本分担：英国、德国、法国、瑞典和美国的学生资助》一书中，对成本分担理论进行了更为详尽的论述。"成本分担"的成本指的是教育成本，包括公共教育的人员费用、学校设施、物资费用、设备费用等，以及父母和学生的教育费用。直接的个人费用包括学费、其他教育费用、书籍、服装、交通费用等。约翰·斯通认为高等教育成本应当由四方面分担，即学生、家庭、纳税人和学校，高等教育成本应当从完全由政府或纳税人负担转向至少部分由家长和学生负担，通过交纳学费补偿部分教学成本，通过支付使用费补偿政府或大学提供的住宿费用或膳食费。由此可见，约翰·斯通认为教育成本分担意味着：第一，教育成本分担的目的是缓解政府公共财政对教育资金供给的不足。第二，教育成本分担的对象是教育成本中的会计成本，机会成本不是实际的资源耗费，无法进行分担。第三，教育成本分担的主体主要是指学生、家庭、纳税人和学校。

实际上，不仅高等教育存在教育成本分担，义务教育也存在教育成本分担。广义的教育成本分担是指全部教育成本的分担，狭义的教育成本分担指的仅仅是学校会计成本的分担。通常所说的教育成本分担是指狭义的教育成本分担。本书的教育成本分担也是指狭义的教育成本分担。

研究教育成本分担的目的在于教育成本补偿。教育成本主要分为学校成本和个人成本，教育成本分担也分为学校分担和个人分担。个人教育成本的补偿是通过预期的教育收益进行的，属于远期补偿。学校教育成本的补偿是通过资金的注入进行的，是一种即期或近期的补偿。个人教育成本及其补偿影响的是教育的需求，而学校教育成本的补偿影响的是教育的供给。当政府和社会对学校注入的资金难以满足需求的时候，往往会通过增加教育收费的方式来增加学校的办学经费。因此，很多人将教育成本分担理解成教育收费。

5.2　教育资金

5.2.1　教育资金的形成

教育资金是指配置于教育系统并在教育系统内部发挥作用的资金。

资金流入教育系统有两个基本通道，第一条通道是通过政府，政府以税收、收费等形式筹集财政资金，然后以教育拨款等形式投入教育，这是教育资金供给的主要渠道。第二条通道是以投资或捐资的形式投入教育，如社会资金办学、捐资办学、发行债券、股票等等，通过第二条通道进入教育系统的资金在逐步增加。在教育经费紧张的背景下研究教育供给问题，就是要研究如何将更多的资源导入到教育系统，并对资源进行合理配置，提高教育的质量。一方面要保证有足够的国家财政资金用于教育事业；另一方面要通过第二条通道，改善办学体制和投资体制，争取更多的社会资金流入教育系统。

5.2.2　教育资金运动

教育资金的形态形成后，会随着相关活动的开展而不断变化，这一过程被称作教育资金运动。教育资金运动分为宏观教育资金运动和微观教育资金运动。宏观教育资金运动是指教育资金在整个教育系统内部的运动，微观教育资金运动是指教育资金在组织内部的运动。教育组织不仅提供教育服务，而且还提供科研和社会服务。在教育服务、科研、社会服务这三大领域中都存在资金运动。工业企业的资金运动分为资金的筹集、投放、消耗、收回、分配五个环节。在教育组织提供教育服务的时候，资金运动可以划分为四个环节，即资金的筹集、资金的投放、资金的耗费和资金的分配。

资金的筹集是指教育组织为了持续提供教育服务等活动而筹集资金的过程，是资金运动的起点。教育组织的资金筹集与工业企业的资金筹集在内容上是不同的，因为教育组织存在教育成本分担。教育成本分担是教育服务的受益者在接受教育服务之前预先支付给教育组织的资金，其数量决定着教育组织的资金规模和能提供的教育服务的数量和质量。这一环节相当于工业企业的产品预售，将资金的筹集和资金的收回融合在一起。资金的投放是指将筹集到的资金按照教育组织的目标投入到教育服务生产活动中的过程。资金的耗费是指教育组织在筹集和提供教育服务的过程中所发生的成本费用。资金的分配有广义和狭义之分。广义的资金分配是指收入的分割和税后利润的分配；狭义的资金分配指的是税后利润的分配。由于教育组织中与收入对应的资金是预收的，因此收入的分割是在资金投放环节进行的。教育组织通常是非营利性组织，不存在税后利润，结余一般留在教育组织中用于继续发展教育。盈利性私立学校可以按照一定比例取得合理回报，可以看作是一种分配。

5.3　教育筹资

5.3.1　筹资和教育筹资

筹资就是筹集资金。教育筹资是将社会资金导入教育领域，发展教育来满足人们日益增长的教育需求的活动。教育筹资的目的在于促进教育发展。研究教育筹资不能只研究量的问题，还必须研究结构的问题。研究教育筹资结构有助于实现教育的公平与效率。

5.3.2　教育融资与教育筹资

融资是指资金融通，具体是指资金在持有者之间流动以调节余缺的一种经济行为。筹资比融资的外延更宽一些。融资需要采用信用的形式，以金融工具作为载体，而筹资是以获得资金为最终目的的经济行为。广义的融资包括资金的融入和融出，即不仅包括资金的来源，还包括资金的运用。狭义的融资主要是指外部资金的融入，即经济主体从自身的经营现状出发，根据未来经营策略与发展需要，通过一定的渠道，向外部投资者及债权人筹集资金，以保证生产经营需要的一种经济行为，也称外源融资。中义的融资介于广义和狭义之间，既包括不同资金持有者之间的资金融通，也包括某一经济主体通过某些方式在组织内部进行的资金融通，也称内源融资。

融资具有两个特征：第一，融资的媒介主要是信用形式。信用是指以偿还和付息为条件的价值单方面转移。经济主体的外源融资活动就是以信用形式为基础的，包括银行信用、商业信用、股份信用、国家信用和民间信用等。第二，融资的载体是各种金融工具。一方面，融资主体之间的债权债务关系需要通过金融工具来体现；另一方面，金融客体的活动必须通过金融工具的交易来实现。金融工具对于购入者或持有者来说就是金融资产载体,对于出售或发行者来说是金融负债载体。

教育融资是指以一定的信用形式,借助相关的金融工具,动员社会资金进入教育领域,促进教育发展的经济行为。教育融资与企业融资相类似,都是有偿取得和使用资金。在面临多种融资渠道时,要选择最佳融资方案。因为教育具有正外部性,在融资时会获得较多的优惠条件,如银行贷款、财政贴息等等。

5.3.3 教育筹资渠道与方式

5.3.3.1 教育筹资渠道

教育筹资渠道是指教育资金的来源。计划经济时期,中国的教育资金来源基本是靠政府的财政供给;现在教育筹资渠道逐渐向多元化发展。教育筹资渠道大体分为政府财政资金、专业银行信贷资金、非银行金融机构资金、企业资金、居民个人资金、境外资金等等。

5.3.3.2 教育筹资方式

多渠道筹资是不足够的,还必须多方式筹资。如果将多渠道筹资比作从江、河、湖、海中捕鱼,那么多方式筹资就好比用渔网、钓钩等不同方式捕鱼。由于教育供给不足,教育筹资方式的多元化就尤为重要。教育筹资方式主要包括股票债券筹资、项目融资、教育资产证券化筹资、产业投资基金筹资等方式。

教育筹资方式是指筹集资金时采取的具体形式,包括宏观教育筹资方式和微观教育筹资方式。宏观教育筹资方式以政府为筹资主体,具体筹资方式包括无偿筹资方式(如税收和收费)和有偿筹资方式(如发行债券等)。教育组织筹资方式可以分为几个层次:第一层次是成本分担筹资和非成本分担筹资;第二层次是内源筹资与外源筹资;第三层次是间接筹资和直接筹资;第四层次是股权筹资和债权筹资。

第一层次是成本分担筹资和非成本分担筹资。成本分担是教育筹资特有的筹资方式,这是因为教育具有私人效益和社会效益,应当由这两大受益主体进行分担。随着社会经济的发展,教育成本有不断提高的趋势,对教育的需求也在不断增强,政府难以负担学校的会计成本。和基础教育相比，高等教育的私人效益更加显著，因此在大多数国家，高等教育的成本是由个人和政府共同分担的。中国也曾一度允许大学生免费入学，但是现在大多数大学都需要学生交纳学费。非成本分担是指成本分担以外的其他教育筹资，与企业筹资相类似。

第二层次是内源筹资与外源筹资。筹资过程就是国民储蓄向社会投资转化的过程，可以由同一主体完成，也可以由多个主体完成。内源筹资是指教育组织将收入减去支出后的结余或收入减去成本后的盈利中未分配的部分投入到教育活动中，进行长期和短期投资。内源筹资非常有限。外源筹资是教育组织通过一定方式筹集外部资金的过程。外源筹资产生的主要原因是资金收支不平衡。一个组织在运作过程中有时会支大于收，有时会收大于支。收支不平衡时就会发生资金剩余或资金短缺。发生资金短缺的教育组织需要通过外源筹资满足资金需求，而发生资金剩余的经济组织可以通过贷出资金获得经济利益。外源筹资对于发生资金剩余和资金短缺的两种组织都是有益处的。

第三层次是间接筹资和直接筹资。教育外援投资根据是否通过金融中介可以分为教育直接筹资和教育间接筹资。直接教育筹资是指教育组织不通过银行等金融机构直接与资金供应者联系获得借款，或通过发行股票债券等方式筹集资金。间接教育筹资是指教育组织通过银行等金融机构从外部筹集资金，如银行贷款等。中国从 20 世纪末才逐渐开始出现间接筹资。这是因为高等院校扩招后，虽然学生必须交纳学费，但仍然不足以支持高等教育的发展。因此，一些大学和一部分中学通过银行贷款进行扩建。间接筹资方式已经超过直接筹资方式，成为学校主要的外源筹资方式。

第四层次是股权筹资和债权筹资。直接筹资方式又可以分为股权筹资和债权筹资。股权筹资是指教育组织对筹集来的资金拥有产权，可以自主调配使用，无需归还。债权筹资是指教育组织对筹集来的资金没有产权，必须按期偿还。对于营利性私立学校，债权筹资的利息具有税收屏蔽的效应，因此债权筹资的成本一般会低于股权筹资的成本。如果教育组织享受免税待遇，则不具有税收屏蔽效应。目前，中国的股权筹资和债权筹资都没有得到充分的发展。一些地方的"股份制学校"仅仅具有某些股份制特征。教育组织申请信用贷款的难度较大，通过债券投资比较困难，往往需要通过政府施加压力才能获得贷款。

具体的教育组织筹资方式多种多样，有社会捐资、教育收费、财政投资、银行贷款、股票、债券、租赁、商业信用等等。分析的内容包括：可利用的筹资方式有哪些；各种筹资方式的法规限制和金融限制；各种筹资方式资金成本的高低；各种筹资方式对资本结构的影响。

5.3.3.3 教育筹资渠道和教育筹资方式的关系

筹资渠道是客观存在的筹资方法，而筹资方式属于筹资主体的主观行为。某种筹资方式可能只适用于某一特定的筹资渠道，同一筹资渠道的资金可以采取不同方式取得，同一筹资方式可以从不同的资金来源获得资金。各国在教育筹资实践中都主张多渠道筹资，仅仅强调多渠道筹资是不够的，还需要研究多方式筹资。

5.3.4 政府教育筹资问题

通过财政方法筹资有两条路径，一种是无偿的，即运用政府权力，通过税收等方式筹集教育资金；另一种是有偿的，即运用政府信用，通过发行债券等方式筹集资金。目前的教育财政筹资基本上采用的是第一条路径。解决方法是提高财政支出占 GDP 的比重。在短期，财政收入占 GDP 的比重难以大幅提高的前提下，需要通过第二条路径，发挥财政投融资的作用，增加教育经费总量。

5.3.4.1 无偿筹集教育资金

中国的公共教育经费占 GDP 的比重仍然较低，应当加大公共教育资源的投入。

$$\frac{公共教育经费}{GDP} = \frac{财政收入}{GDP} \times \frac{财政支出}{财政收入} \times \frac{公共教育经费}{财政支出}$$

前面分析过，从这一等式可以看出，公共教育经费占 GDP 的比重是由三个因素决定的：第一个因素是财政收入占 GDP 的比重。改革开放后，财政收入占 GDP 的比重一直处于较低水平。第二个因素是财政支出占财政收入的比重。财政支出占财政收入的比重的提高会引起财政赤字的提高，不可以对它过度依赖。第三个因素是公共教育经费占财政支出的比重。这一数据和国际相比并不算低。因此，中国公共教育经费占 GDP 的比重较低的原因在于财政收入占 GDP 的比重偏低。

5.3.4.2　有偿筹集教育资金

当无偿筹集教育资金的方式难以满足教育发展的需要时，就需要通过第二条路径，发挥财政投融资的作用，有偿筹集教育资金，增加教育经费总量。

财政投融资是指以政府为主体，采取有偿手段筹集资金，并按照政府的政策目标进行资金筹集和资金运用的活动。财政可以通过信用方式向社会筹集资金，也可以利用在资本市场的主体地位筹措资金。这两种方式都需要向资金提供者支付利息。财政投融资以政府为主体，具有鲜明的政策性，投资对象是教育这一公益性项目，投资规模大，建设周期长，收益不高。教育的财政投融资方式有三种：政策性金融，教育专项国债，为学校的基础设施建设贷款给予贴息。第一种政策性金融是政府为发展教育事业而组织的金融制度、体系及相关业务活动。与商业性金融活动相比，政策性金融是不以营利为目的的，由政府创立。因为政策性金融是有偿的，要求借款人按期还本付息，对教育组织具有一定约束力。第二种教育专项国债能在短期内为教育发展融入大量资金，因为居民的大量货币资金在银行以存款的方式闲置，发行教育专项国债能够弥补财政性教育经费不足的问题。第三种是为学校的基础设施建设贷款给予贴息。在前两种财政投融资方式尚未采用时，为学校贷款提供财政性贴息是个行之有效的途径。

5.3.5　教育筹资的制度环境

教育筹资的制度环境包括税收制度、收费制度、会计制度、法律制度等。法律制度将在后面进行论述，这里只论述税收制度、收费制度、会计制度。

5.3.5.1　税收制度

2004 年 2 月 5 日，财政部、国家税务总局颁布了《关于教育税收政策的通知》（39 号文件），将之前各项教育税收优惠政策汇总在一起，规定了和教育供给相关的营业税、增值税、所得税、房产税、印花税、土地使用税、关税等税收优惠政策。39 号文件对教育事业方面的税收作了详细规定，但仍有不足之处。例如，文件规定非营利性私立学校享受与公立学校同等的税收及其他优惠政策，但没有具体规定营利性私立学校是否享受这些优惠；只有间接捐赠才能享受税收优惠，直接捐赠仍需纳税，而且捐赠越多，纳税越多，这就抑制了人们的捐赠意愿；针对教育机构的优惠多，针对受教育者的优惠少。针对这些问题，应当进行改进，完善教育筹资的税收制度，鼓励社会各界投资教育事业。

在教育税收制度方面的建议：第一，根据教育组织的不同类型，分别制定相应的税收优惠政策；第二，消除教育捐赠的抑制性规定，为教育捐赠提供法律方面的支持；第三，加大对受教育者的税收优惠力度。

5.3.5.2　收费制度

新中国成立后到 20 世纪 80 年代，中国高等院校的办学经费完全由国家财政负担，甚至政府还出资补贴学生的生活开支。80 年代中期，个人开始承担教育成本，至今经历了委培生制度、自费生制度、普遍收费制度、并轨制度几个阶段。委培是指特定单位为个人提供学费，个人作为回报，必须到这个单位工作。由于个人接受教育需要付出一定代价，因此可以看作是个人对教育成本的分担。后来，有些人为了获得教育机会，自己负担学费，委托某个单位委培自己，这些学生实际上是自费生。80 年代中后期开始，全国各地陆续允许招收自费生，自费生的学费不高，占教育成本的 30%~80%，不包分配。自费生制度受到了有支付能力的考生的欢迎。1989 年国家教委等部门发出《关于普通高等学校收取学杂费和住宿费的规定》，收费标准为每人每年 100~300 元，相当于生均事业费的 3%~5%。这一规定从政策上肯定了高等教育应当实行成本分担制度。从 1993 年起，中国开始进行并轨试点，逐步取消各所高校的自费生制度，对学生统一实行收费制度。

在这几个阶段中，中国高等教育中个人的成本分担逐步增加，这反映了随着经济的发展和人民生活水平的提高，对高等教育的需求在不断增加；另一方面国家的财政能力有限，仅靠财政难以满足人们对高等教育的需求。由于学费的提高，一些贫困家庭的学生就面临着上学难的问题。为此，政府应当完善政策制度，为贫困家庭的学生接受高等教育提供可能。可以采取的措施有：教育券、政府或私人部门提供的学生贷款、奖学金和助学金，以及其他资助方式。

在教育收费制度方面的建议：第一，建立教育成本核算制度，为教育收费价格的确定提供科学依据；第二，政府确定教育收费价格必须综合考虑多种因素，实行价格听证制度；第三，根据中国实际，建立与教育收费制度配套的资助制度。

5.3.5.3　会计制度

中国学校目前执行的会计制度有《事业单位会计准则》、《中小学会计制度》、《高等学校会计制度》。近年来中国的教育出现了一些新的变化，如私立学校的出现，高等院校收费实行并轨，高等院校扩招导致教育资源不足从而开始多渠道筹集教育经费，这些变化都使目前的会计核算制度无法适应新形势的要求。首先，由于公办学校开始多渠道筹集教育经费，学校的会计信息不但需要面向政府，也需要让其他利益相关方了解学校的会计状况。其次，目前的会计记录方式无法全面准确地记录和反映教育组织的资产和负债情况，造成虚假的现象。最后，民办教育会计工作虽然可以依据《民间非营利组织会计制度》，但营利性私立学校仍然没有相关的会计制度依据。为了发展教育事业，需要对这些会计制度的欠缺之处加以完善，使会计制度能够适应教育事业的发展。

5.4　教育筹资方式的多元化

教育筹资方式是指筹集资金时采取的具体形式，主要包括银行贷款筹资、股票债券筹资、项目融资、教育资产证券化筹资、产业投资基金筹资等方式。教育具有个人收益，因此不能只由政府承担。尤其是高等教育能够带来更大的个人收益，应当由个人和政府共同承担教育成本。

5.4.1　政府提供教育经费

在经济发展中，政府担任着各种职能，包括政治、经济、文化、社会等方面。其中，经济职能是指政府为国家经济的发展，对社会经济生活进行管理的职能。随着中国计划经济体制向社会主义市场经济体制转变，中国政府主要有三大经济职能：第一，宏观调控职能，即政府通过制定和运用财政税收政策和货币政策，对整个国民经济运行进行间接的、宏观的调控。第二，提供公共产品和服务职能，政府通过管理、制定产业政策、计划指导、就业规划等方式对整个国民经济进行间接的控制；同时，还要发挥社会组织和企业的力量，与政府共同承担提供公共产品的任务。第三，市场监管职能。即政府为确保市场运行畅通、保证公平竞争和公平交易、维护企业合法权益而对企业和市场所进行的管理和监督。由此可见，提供公共产品只是政府各种经济职能的一种。政府提供的公共产品包括国防、教育、医疗保险等，教育只是其中的一种。如何利用有限的资源，在提供教育经费的同时，保障其他公共产品的经费，保证其他各种职能的顺利执行，是需要认真对待的问题。公共部门经济学中的效用理论有助于解决这一问题。

效用理论能够解释社会分配发生变化时，一方减少的效用和另一方增加的效用之间的关系。从个人角度来看，效用函数可以用来表示产品数量和个人效用水平之间的关系。一个人多得到一个产品获得的额外效用被称作边际效用。个人得到的产品越多，虽然总效用会增加，但从每一个产品获得的额外效用就越少，这被称为边际效用递减。根据这一理论，如果把资源从富人转移到穷人那里，富人减少的边际效用会小于穷人获得的边际效用，从而使整个社会的总效用增加。但是，还有一个问题，这样做可能会损失效率。富人不大可能再去努力工作，因为努力工作的回报不大。穷人也不大可能去努力工作，因为努力工作会失去受益的资格。由此可见，社会福利最大化和效率最大化往往是不可兼得的。因此，在进行分配的时候，如果使每个人获得的边际效用相等，社会总效用或总福利就会实现最大化。

从社会各部门的角度来看，当社会总资源一定时，一个部门获得资源和其他部门获得的资源存在此消彼长的关系。一个部门获得的资源增加，其他部门获得的资源就会减少。一个部门多得到的资源越多，获得的边际效用就会递减。在政府财政经费既定的前提下，教育部门获得的政府财政经费越多，其他部门获得的经费就越少。而由于边际效用递减规律的作用，随着教育部门获得的政府财政经费不断增加，这些经费的边际效用也在逐渐递减，而其他部门则随着可用经费的减少，经费的边际效用会不断增加。当各部门所获得经费的边际效用相等时，整个社会的总效用最大。这时，如果继续增加教育经费，就会降低整个社会的总效用，不符合帕累托最优。

由此可见，政府财政经费用作教育经费并不是越多越好，而是应当和其他各部门的用途协调起来，达到资源最优配置，使社会总效用达到最大。这一最优配置应当如何实现，需要通过根据社会无差异曲线和效用可能性来决定。

效用可能性曲线是在给定其他人所得的效用水平的情况下，一个人可能获得的最高效用（福利）。效用可能性曲线相当于个人的预算线。当且仅当经济在效用可能性曲线上运行时，才是有帕累托效率的。福利经济学第一基本定理认为，竞争性经济总是在效用可能性曲线上。福利经济学第二基本定理认为，政府可以通过再分配初始禀赋，通过竞争性市场过程，效用可能性曲线上的每一点都能够达到。社会无差异曲线是指从社会来说，产生相同福利水平的不同人的效用组合集，它描述社会如何在不同个人的效用水平之间做出权衡取舍。社会无差异曲线相当于个人的无差异曲线。社会无差异曲线和效用可能性曲线相切的点，是社会所偏好的。

当政府的财政经费增加时，效用可能性曲线会右移，和更高的社会无差异曲线相切。这时教育经费会增加，其他部门可用经费也会增加，这意味着社会总效用会增加。

通过以上分析可知，当政府的财政经费固定不变时，增加教育经费就意味着减少其他部门的经费。和 OECD 国家相比，目前中国的教育经费还不足，但增加的幅度不能超过社会无差异曲线和效用可能性曲线相切时的额度。若要继续增加教育经费，就只能通过两种途径：一种是通过发展经济，增加税收，使政府的财政经费总量增加，教育经费就会随之增加；另一种是通过非政府渠道筹集教育经费，发动社会力量办教育。

5.4.2 银行贷款筹资

5.4.2.1 现阶段高校贷款的基本特点

目前中国高校贷款具有三个特点：投资期限长，措施难以落实，还款渠道单一。第一，投资期限长。高校贷款通常用于固定资产投资，如购置土地、建筑校舍等。建设周期长，贷款的周期也长，虽然许多贷款由政府部分贴息，但由于国家政策和市场竞争的影响，仍存在不确定性因素。第二，措施难以落实。高校是社会公益事业，自身财产不得拍卖抵押，因此很难找到愿意提供贷款担保的企业。虽然有些高校也有校办企业，但规模大都较小，无法提供足够的担保资金。因此，高校贷款通常以学费作为质押。第三，还款渠道单一。高校经费来源主要由教育经费拨款、办学的学费收入、校办产业收入、科研成果转让收入、沉淀资金利息收入等。教育经费拨款仅够维持学校经常性开支，其他经费来源也非常有限，可以用于偿还贷款的仅有高校的学费收入。

5.4.2.2 高校贷款筹资风险转嫁机制

由于上述特点，高校贷款存在风险，这些风险包括：经营性风险、管理风险、政策性风险、自然风险和经济风险等。经营性风险指的是高校的决策不当产生的风险。管理风险指的是高校管理不当导致的风险。政策性风险指的是国家政策变化产生的风险。自然风险指的是自然灾害造成的风险。经济风险指的是经济不景气造成的风险。由于多数高校属于公有制性质，因此这些风险带来的贷款风险最终由政府承担，承担的途径有三种。

1. 高校-政府途径

由于某些原因导致高校无法偿还贷款，从而影响该高校正常的教学活动，高校就会向政府求助，由政府对该高校进行救助，该高校的贷款将由政府承担偿还责任。

2. 高校-学生-政府途径

当高校债务到期而又无法偿还时，可能会提高学生的学杂费来增加自筹收入，将债务负担转移到学生及其家庭身上。但是，由于学生及其家庭的经济承受能力有限，学杂费的提高很可能会减少学生的报考率，未必会增加自筹收入，反而会引起社会公众的不满。提高学生的学杂费很难偿还到期债务，最后仍然需要政府出面，对高校进行救助，贷款风险还是转移到了政府身上。

3. 银行-政府途径

高校无法靠自身力量偿还银行贷款时，银行会对高校施加压力，采取法律诉讼等手段迫使高校还债。但由于高校本身具有公益性，而且大都由政府兴办，最终会由政府来帮助高校偿还贷款债务。

由此可见，无论采取哪种途径，最后都是由政府来承担贷款的风险。这是因为政府是大多数高校的兴办者，高等教育本身是一种准公共品，具有正外部性，应当由政府提供高等教育，并支持高等教育的发展。

5.4.2.3　防范高校贷款风险的措施

高校贷款一方面促进了高等教育的发展，增加了高等教育的供给，有利于满足人们对高等教育日益增长的需求，但是另一方面也存在一定风险，这种风险最终将转移到政府身上，加大对政府财政的压力。为此，政府应当采取一些措施，降低高校贷款带来的财政压力。

第一个措施是教育主管部门应该对高校贷款进行监管。公立大学是由政府出资创办的，其资产属于国有资产，因此教育主管部门应当对高校的贷款规模和贷款使用情况进行监督，防止高校超过自己偿还能力过度借债和任意改变贷款资金用途，并督促高校按期还贷。由于公立大学贷款如自己无法偿还，最终将由政府偿还，因此政府应当对高校贷款拥有发言权，根据高校的发展情况和经济实力对高校贷款进行审批。得到批准的高校贷款一旦无法由高校偿还，则由政府来承担还款责任；而未经批准的高校贷款若无法由高校偿还，政府则不承担还款责任。

第二个措施是组建高校投资担保公司，获得商业银行的贷款担保。担保公司实行会员制，每所高校出资一定金额，这些金额的总和再加上省教育厅的一部分出资作为股本金，用作银行贷款的担保，按照"一保十"的比例，可以获得10倍于股本金的担保能力。这一措施的弊端在于，既然目前高校不必参加投资担保公司就可以依赖政府承担还款责任，高校将不会有参加投资担保公司的激励。而且，如果股本金所提供的担保都用于一所高校的贷款担保，其他各所参与投资担保公司的高校就无法享用贷款担保。而当股本金不足以偿还贷款时，最后还是需要由政府出面来偿还贷款。

第三个措施是测算合理的贷款额度。这一措施实际上是第一个措施的延伸。需要测算的是高校的还款能力和高校贷款的额度。按照目前的规定，收取的学费中至少25%需要返还学生，至少20%需要用作教育经费，至少1%需要用于毕业生就业指导，所以学费中只有54%可以用于偿还贷款。高校每年最大还款能力为：

年最大还款能力=在校生人数 × 生均学费 × 54%

将贷款额度保持在这一额度之内可以防止高校过度贷款而无法偿还。

5.4.3 股票筹资和债券筹资

在教育筹资中，除了依靠政府力量之外，还可以依靠市场对资源的配置作用，通过资本市场获得教育经费。资本市场将资本的供求双方联系起来，将供给方的闲散资金提供给需要资金的需求方，使供给方获得较高稳定的收益，需求方以合理的价格得到所需的资金。

5.4.3.1 股票筹资

高等学校通过股票筹集教育经费分为两种形式：一种是公立大学或非营利性私立大学通过购买股票获得教育经费；另一种是营利性私立大学通过发行股票的方式获得教育经费。前者是最初的形式，也是通过股票获得教育经费的主要形式；后者虽然出现较晚，但正在变得越来越重要。

在美国，利用股票获得教育经费已经比较普遍。高等教育上市机构以教育投资公司的形式进入股票市场，发展良好。营利性大学进入股票市场，充分利用了社会闲散资金，也为高等教育融资拓宽了渠道。

改革开放以来，中国的高等教育也通过资本市场获得资金，具体的方式有几种：第一种是大学的高科技产业进入资本市场；第二种是与其他产业"捆绑上市"；第三种是以教育服务产品为主体介入资本市场；第四种是把高等教育作为产业，把兴办高等学校作为一种投资。通过资本市场获得资金的方式在中国受到法律和制度的认可，但也引起了争论，有观点认为高等教育不应当营利，更不应当通过股票市场获得经费。但是，当政府的经费不足以发展高等教育来满足人们日益增长的高等教育需求时，利用股票市场获得教育经费不失为一个良策。不但高等教育可以营利，基础教育中的私立学校也可以是营利性的，也可以通过股票市场获得经费。

私立学校通过股票市场获得教育经费具有以下优点：首先，这种方式有利于中国民办教育的发展。中国的民办教育起步较晚，经费不充足，通过股票市场筹资会加快民办教育的发展速度，为人们提供更多就学机会。其次，私立学校通过股票市场筹资需要承担一定风险，为了继续生存，私立学校必须充分合理地利用教育资源，避免对教育资源的浪费，提高教育供给的效率。

但是，公立教育不能利用股票市场筹资，这是因为，公立教育承担着为社会提供教育的责任，具有正外部性或公益性。基础教育是公共品属性较强的准公共品，作为一种社会福利，应当主要由政府提供，以公立学校的形式保证各地区、各阶层的学龄儿童都有受教育的机会。无论是以购买股票的方式还是发行股票的方式筹集资金都具有风险性，不利于基础教育这一准公共品的长期、稳定的供给。如果基础教育阶段的公立学校依赖股票市场获得教育经费，将会使基础教育的基石受到动摇，影响基础教育的正常供给。而基础教育阶段的私立学校为公立学校提供了有益的补充，通过股票市场获得教育经费有利于私立学校的发展。而且，现阶段中国基础教育中的私立学校毕竟是少数，即使由于股市风险无法继续提供教育服务，对整个基础教育阶段的教育供给也不会有太大影响。高等教育是公共品属性较弱的准公共品，为个人带来的收益大于为社会带来的收益。营利性私立大学通过股票市场获得所需的教育经费，有利于扩大教学规模，改善教学环境，提高教学质量，是值得提倡的。对于非营利性私立大学和公立大学而言，其办学目的不是获得利润，而是为社会提供需要的人才和科学技术支持，促进科学技术的发展和人类的进步。非营利性私立大学和公立大学所提供的教育和科研不一定会立刻转化成为生产力，获得利润，具有较高的风险性和公益性，应当由政府提供教育经费和科研经费。

5.4.3.2　债券筹资

利用债券筹资也是教育筹资的重要方式之一。债券筹资一般有三种方式：第一种是政府发行国债筹集资金，将其中一部分用于教育的基础建设；第二种是政府组织几所学校发行教育债券，各学校向教育主管部门申报所需经费金额，经审批后统一发行，在规定的还本付息期，各学校按照各自的比例偿还教育债券的本息；第三种是由学校单独发行债券，当一所学校所需的资金较多时，教育主管部门经审批会允许其单独发行债券。

和其他筹资方式相比，债券有着自己的特点和优势。银行贷款筹资主要来自居民和企业贷款，大多为短期资金，可用作中长期贷款的比重较小。股票筹资风险较大，愿意投资的投资者有限，而且学校必须上市才能通过股票筹资。对于投资者而言，债券投资的利率比银行存款更高，风险比股票低，具有较大吸引力。对于资金需求者而言，债券比银行贷款更加灵活，可以根据需要选择债券的期限，比股票更易操作。

但是，在利用债券筹资时，也必须注意一些问题。在发行债券时，必须合理确定利率。利率应当高于物价上涨率，因为如果利率低于物价上涨率，购买债券就失去了意义。利率还应当高于存款利率，如果利率低于存款利率，投资者就会进行储蓄。当存款利率低于物价上涨率时，即实际存款利率为负时仍会有人选择储蓄，这是因为人们暂时难以找到其他渠道处理多余资金。中长期债券则不能以负利率吸引投资，必须高于物价上涨率和银行存款利率。

5.4.4　教育项目融资

对于项目融资，目前并没有形成统一的定义。一种定义是，项目融资是指在向一个经济实体提供贷款时，贷款方查看该经济实体的现金流和收益，将其视为偿还债务的资金来源，并将该经济实体的资产视为这笔贷款的担保物，若对这两点感到满意，则贷款方同意贷款。中国在1997 年 4 月颁发的《境外进行项目融资管理暂行办法》中，将项目融资定义为：项目融资是指以境内建设项目的名义在境外筹措外汇资金，并仅以项目自身预期收入和资产承担债务偿还责任的融资方式。

5.4.4.1　项目融资的特点

第一，以项目为导向。项目融资必须有一个需要资金投入的项目，企业或组织为了获得资金通过各种金融机构筹集资金，项目本身的现金流用于偿还贷款本息。能否获得资金和项目投资者的财务状况和资金实力无关，只要项目能够获利，该项目就能够获得金融机构的资金。

第二，融资无追索性或追索性有限。早期的项目融资中，项目发起人不直接承担债务责任。有限追索项目融资中，贷款人仅在项目开发阶段可以对项目发起人追索。项目发起人并不以自身的资产来保证贷款的清偿，项目资产经营的成败决定了贷款方是否能够收回贷款。

第三，项目发起人不愿意将项目债务反映在资产负债表上，因为这样会恶化其资产负债状态。

第四，项目融资允许项目发起人以较少的股本获得高比例的融资。负债的比例根据项目类别、项目所在国别、项目融资规模等影响因素，一般在 75%~80%之间。贷款人希望项目发起人能够投入大量股本金，股本金的金额体现了项目发起人对项目的关心程度和参与程度，投入的股本金比例越大，贷款人对项目的信心就越大。

第五，风险分散。项目发起人通常将项目的债务风险与自己隔离开来，在设计项目融资时，在所有参与者之间分配风险，即使项目破产也不至于使项目发起人破产。由于风险分散，包括贷款人在内的所有参与者都会对项目十分关注，有助于项目取得成功。

第六，税收优惠。在很多国家贷款利息是免税的，而股权收益必须交税。

第七，项目融资的不足之处在于它具有较高的融资成本。项目融资需要事先进行风险分担、抵押设置等准备工作，环节较多，涉及面广，花费时间较长，费用比一般的融资成本高许多。

5.4.4.2　项目融资的主要形式

目前国际上通行的项目融资有两种：BOT 和 TOT。BOT 是英文 Build-Operate-Transfer（建设–经营–转让）的简称。其运作方式是：一国政府（融资者）与投资者就某个项目签订合同，由投资者设计、承建具体项目，在合同规定的期限内，由投资者经营该项目，偿还债务，并收取一定投资回报。合同期满后，项目无偿转让给融资者。BOT 分为"外资 BOT"和"内资 BOT"，既可以利用外资，也可以利用国内资金。

TOT 是英文 Transfer-Operate-Transfer（转让-经营-转让）的简称。其运作方式是：政府部门或国有企业将建设好的项目的产权和经营权，有偿转让给投资人，由其在一定期限内进行运营管理；投资人在这一期限内通过经营收回全部投资和得到合理的回报，并在合约期满之后，再把项目交回给政府部门或原单位。

BOT 项目融资方式比较成熟，应用最广。和 BOT 相比，TOT 具有一定优势。TOT 避开了建设这一环节，从而避开了建设阶段的大量金融风险、信用风险、生产风险、政治风险等，运作程序比较简单，风险较低，因此比较容易达成协议。

5.4.4.3　融资形式的应用

在教育的宏观供给中，政府可以运用 BOT 和 TOT 两种形式进行项目融资。

通过 BOT 形式为教育融资，就是引进国外或港澳台的资金兴建学校，或者吸引国内资本兴建学校。学校建成后，让投资方经营若干年，经营期满后无偿交给中国政府。采用 BOT 方式进行项目融资，政府无需花费过多资金，而且为了获得收益，投资方会创造良好的教学环境，聘请有经验的教师，提供高质量的教育。这对缓解中国目前教育供给不足的局面大有裨益。对于投资者来说，由于政府会为教育融资提供优惠条件，和其他投资项目相比，投资教育产生的利润会更多，对投资者有鼓励作用。可能产生的一个问题是，在经营期即将到期的时候，经营方由于经济利益的驱使，可能会减少对学校固定资产的投资，例如，不再更新教学设备，改扩建校舍。另一个问题是，通过 BOT 方式进行教育项目融资，投资方以获利为目的，学费可能会定得较高，只有少部分富裕家庭子女有能力消费这些学校的教育。

2003 年，中国第一家利用 BOT 融资的学校——南湖国际实验学校建成。浙江省嘉兴市秀城区政府无偿提供土地，嘉兴投资发展有限公司出资组成项目公司共同建设，特许经营 20 年，其间经营收入归项目公司所有，特许经营期结束后，学校全部财产和地产都由项目公司无偿移交给政府。这是中国教育事业多元化投资的一次大胆尝试，具有重要意义。

政府还可以通过 TOT 方式筹资。政府将公立学校（通常是公立大学）在一段时期内转让给国内或国外的投资方经营，在这段时期内停止提供拨款，由投资方出资经营，投资方有权自己设定学费。投资方通过投资获得收益；投资方为了吸引生源会提高教学质量，提供适应社会需要的课程和学科的教学，有利于学生掌握有用的知识，学以致用；政府在出资方经营时期无需向学校投入教育经费，可以大大节省财政经费，用于其他建设或者建立另一所学校。缺点是学费可能会较高，超出一些学生和家长的负担范围。但由于投资方会努力提高教学质量，改进教学内容，创造独特的办学特色，仍然会有学生选择这类学校。

在教育的微观供给中，学校也可以通过 BOT 和 TOT 两种方式进行项目融资。有些学校拥有较多的土地，可以将闲置的土地进行商业开发，获得经济利益。但是由于商业开发需要大量资本投入，学校自身无法承担。利用 BOT 方式，将学校周边的土地或建筑移交给投资方进行建设，由投资方经营一段时间，然后无偿交给学校，为学校创收。不足之处是，在学校周围进行商业开发，可能会破坏学校宁静的学习氛围，对学生学习环境带来不利影响。而且，当日后学校扩大规模时，可能需要拆除投资方建起的设施。

在学校后勤社会化改革中可以采用 TOT 方式。学校将学生的宿舍、食堂等转让给投资方经营若干年，在转让时投资方一次性支付给学校一笔资金。学校可以用这笔资金建图书馆、实验室等。在经营期满之后，这些宿舍、食堂等设施再转交给独立的后勤企业来管理经营。

5.4.5 教育资产证券化

资产证券化就是将一组流动性较差的资产经过一定的组合，使其产生可预计而且稳定的现金流收益，再通过一定的中介机构，把这些资产的收益权变为可以在金融市场上流动的、信用等级较高的证券，从而达到筹集资金的目的。

5.4.5.1 资产证券化的特点

资产证券化的特点是：第一，资产范围。虽然资产证券化和债券、TOT 等融资方式都是以基础资产产生的现金流为支撑的，但是股票和债券是以资产所有者的整体信用为担保的，即为融资提供担保的资产是企业的全部资产，而不是部分资产。资产证券化的资产范围却是企业的某些特定部分资产。企业将这部分资产分离出来，销售给一家特定机构（Special Purpose Vehicle，SPV），由该机构进行证券化。这一机构还可以将其他一些企业的资产进行证券化，并将不同企业的资产混合在一起。

第二，破产隔离。破产隔离是指将基础资产原始所有人的破产风险与证券化的交易隔离开来。企业经营效益会直接影响到股票、债券持有人的收益，但对证券化的资产则没有影响。这部分资产已经销售给 SPV 机构，即使资产的原始所有人出了问题，也不会影响到证券所有者。

第三，信用增级。信用增级是指通过一系列手段使基础资产的信用级别得以提升，使依据基础资产发行的证券的风险降低。这一系列手段较为繁琐，降低了筹资的效率和参与筹资的企业的范围。

第四，资产负债表处理。通过资产证券化，资产的原始所有人可以改善其资产负债表。资产的原始所有人将这部分资产从资产负债表上转移出去，换回具有流动性的现金。由于发行证券的不是原始所有人，证券也就不是原始所有人的负债。

5.4.5.2 教育资产证券化

资产证券化要求资产的原始所有人将资产销售给 SPV 机构，而中国大多数学校都是公立学校，其资产归国家所有，因此可以利用资产证券化进行教育融资的只有私立学校。私立学校可以对自己暂时闲置的教学楼、学生公寓、体育馆等资产进行估算和考核，销售给 SPV 机构，获得具有流动性的现金，用于购置所需设施设备等用途。SPV 机构可以由某一学校单独建立，但通常一所学校资产证券化的规模有限，因此 SPV 机构往往由几所学校共同组建，也可以由教育主管部门受几所学校委托组建。SPV 机构有自己独立的账户，和资产的原始所有人的效益无关。

通过真实销售、破产隔离，证券化资产已经具备了一定信用基础，还可以通过第三方担保人，如银行、保险公司，提供信用保证和流动性支持，进行信用增级。之后再请信用评级机构对要发行的证券进行评级。由于信用级别提高，风险降低，证券可以以较低的利率发行，节约了融资成本。

目前，中国还没有在教育界实行资产证券化，这是因为推行资产证券化还存在许多问题。首先，SPV 的组建缺乏相关的法律支持。其次，目前中国还没有针对资产证券化的会计和税收制度，不利于资产证券化的实际操作和有效监督。最后，在实际操作中，中国缺乏权威的中介机构和全国性银行交易网络，也缺乏相关人才，不利于资产证券化的顺利运行。为此，中国应当完善金融环境，培育资产评估和信用评级机构，制定资产证券化的相关法律和制度，培养这方面的专业人才。

5.4.6 其他教育筹资方式

5.4.6.1 教育投资基金

产业投资基金是指主要投资于非上市公司的投资基金。教育投资基金是指以学校为投资对象，以促进教育事业发展为目的的产业投资基金。教育投资基金可以分为教育发展基金和教育风险投资基金。教育发展基金主要投资于学校，由于学校的运行较为稳定，风险较小，这种基金属于稳健型基金。教育风险基金主要投资于校办企业，尤其是高新技术企业，通常风险较大，属于风险型基金。

教育投资基金应采取封闭式，这是因为学校办学需要的投资回收周期较长，封闭型基金比较稳定，有利于学校的发展。教育投资基金应向社会上的个人和机构吸引投资，尽可能扩大筹资范围。教育投资基金可以由政府教育主管部门充当发起人，也可以由几所学校联合充当发起人，发起人应当认购一定比例的基金，在基金稳定运行一段时期后将手中基金转让出去，完全由社会资本进行投资。教育投资基金的收益率应当略高于国债的收益率，以较低风险吸引投资者。

教育投资基金比较适合校办企业和营利性私立学校，不适合公立学校。这是因为，公立学校是由政府建立的公益性机构，其办学目的不是为了营利；即使学校有盈利，也应当继续留在学校内部作为继续发展教育的经费，而不是作为投资收益分配出去。而校办企业和营利性私立学校以营利为目的，可以利用教育投资基金扩大企业或学校的规模，获得的盈利一部分以投资收益的形式分给投资者，其余部分可用于加强学校的建设，扩大企业的建设规模，或由基金发起人获利。非营利性私立学校则可根据自己的需要选择是否采用教育投资基金。非营利性私立学校不以营利为目的，获得的利润应当全部用于学校的建设；但有些非营利性私立学校经费较少，为了扩大教育经费来源，也可以考虑教育投资基金这种方式，获得的盈利一部分以投资收益的形式分给投资者，其余部分用于加强学校的建设。

5.4.6.2　教育捐资

教育具有公益性，因此会获得社会各界的捐赠。捐赠主要来自个人、企事业单位、国外政府、社会团体。捐赠分为直接捐赠和设立专项基金。直接捐赠用于改善办学条件；专项基金用于发展教育事业、奖励优秀教育工作者、优秀学生，资助困难学生等，专项基金存本金，用利息支付。

在中国，社会捐资办学有着优良的传统，一些无私的人愿意为了发展教育事业无偿投入自己的财产。爱国华侨陈嘉庚创办了厦门大学、集美大学、集美学村等学校；邵逸夫向香港多家院校捐助资金，建立了香港中文大学的逸夫书院、香港大学的邵逸夫楼、香港城市大学的邵逸夫图书馆等；曾宪梓捐巨资兴建了梅州市曾宪梓中学、梅县宪梓中学和丽群小学，并于1992年与国家教育部合作，设立了曾宪梓教育基金会，奖励内地优秀教师。

尽管如此，社会捐资在教育经费中所占的比例仍很低，这是因为中国的税收政策缺乏对捐资助学等公益性捐款的鼓励政策，如税收减免政策。另外，长期以来中国都是由政府出资兴办学校，发展教育事业，对募集社会捐资不够重视。因此为了获得社会各界的教育捐款，既需要重视社会捐资，又需要政府对社会捐资制定税收优惠政策，鼓励各界人士、企事业单位捐资助学。例如，可以实行高额累进税制度，使高收入者宁可捐出一部分收入。

5.4.6.3　教育彩票

世界上已经有 110 多个国家和地区通过发行彩票筹集教育资金。以美国为例，1776 年美国建国后就曾发行 4 种彩票来筹集教育资金，现在美国有 13 个州将彩票收入的一部分或全部用于教育事业。

中国从 1987 年开始发行彩票，近年来销售额猛增，1996 年为 12 亿元，2001 年为 150 亿元。福利彩票和体育彩票为中国的福利事业和体育事业做出了巨大贡献。通过发行彩票也可以为教育事业筹集资金。

5.4.6.4　利用外资

中国一直在利用外资发展教育事业，自 2001 年加入世贸组织以来，利用外资筹集教育经费的机会更多。截至 2002 年，中国共获得世界银行援助教育贷款约 16.97 亿美元。根据外经贸部的统计，2003 年中国服务领域吸收外商直接投资项目达 42 个，实际使用外资金额 5 412 万美元。利用外资既有直接融资方式，也有间接融资方式；既有政府间优惠贷款，也有纯商业贷款；既有政府引进外资，也有教育组织吸收外资。

5.4.6.5　租赁筹资

租赁筹资是指教育组织通过租赁的方法筹资办学。具体来说，是由企业、团体或个人出资兴建教育设施，学校向他们交纳一定租金，获得这些设施的使用权。

5.4.6.6　毕业税

毕业税的定义是只向大学毕业生征收的，而并非向全体纳税人征收的税款。因此，高等教育就可以得到额外的资金，这无疑是具有吸引力的。而且，由于这笔款项来自未来的收入，付款可以延迟，高等教育在消费的时候仍然是免费的。理论上，毕业税机制简单直接，管理成本很低，这也是一个吸引人的优点。

尽管毕业税相对简单直接，但也有一些反对观点。其中一个缺点是，这种方法无法快速地获得更多的教育资源。如果入学率为 40% 的话，每征收 1% 的毕业税，这将会产生 20 亿英镑的收入，但是将会花费 43 年才能收入国库（CVCP，1993）。第二，这不利于高等教育的竞争，虽然这比目前的状况要好一些。第三个缺点是毕业生支付的税款根据学位级别和成本而不同。第四，从国家的角度来看，外国的学生如果毕业后回国就无法向其征收税款了。最后，也是最重要的一点，国家需要有贷款抵押机制。如果毕业税没有抵押，那么收取税款就会变得非常困难。

第 6 章　中国教育供给公平与效率的政策建议

通过前面章节的分析可知，中国教育经费不仅存在总量的不足，而且在结构上也失衡。因此，不但需要增加政府教育投入，鼓励社会力量投资教育，而且还应该采取各种措施优化教育资源的配置结构，促进公平，提高效率。

6.1　合理分配教育经费实现教育供给的公平

在通过多种筹资方式筹集到教育经费之后，需要研究如何合理地利用教育经费实现公平与效率。根据前面的分析，中国基础教育存在的主要问题是教育机会和教育质量的不公平，在高等教育中也存在教育机会和教育结果的不公平。这一部分主要研究如何合理分配教育经费实现教育供给公平。

6.1.1　明确各级政府的作用

目前在中国，应当由中央和省级政府提供教育经费，地方政府进行管理，实现教育公平。

由于教育属于准公共品，而且具有很强的正外部性，在大多数国家都由政府举办公立学校，或由政府资助私立学校，提供教育服务。因为地方政府更接近教育消费者，通常由地方政府兴办学校，提供教育。前面章节分析了中国教育供给的现状，其主要问题有两个：一是教育经费紧张导致教育供给不足；另一个问题是教育供给不均衡，如地域之间不公平，城乡之间不公平，性别不公平等等。实现教育公平有利于整个社会福利的提高，有利于满足中国的现代化建设对人才的需要，也有利于改善落后地区贫困人口的生活质量，提高他们的生活水平。由于中国现在实行的是县管教育，即农村教育经费主要由县级政府提供，而县和县之间的财政收入又差距巨大，使得县级政府可以用于教育的经费差别也巨大，难以实现公平。越是贫穷的地方就越是需要教育，而越是贫穷的地方，可用于教育的经费就越少。为了解决这一问题，需要强化中央和省级政府的教育财政责任，由更高级别的政府提供教育经费，才能缓解各地教育经费、城乡教育经费差别巨大的问题，才能促进教育供给的公平。同时，因为教育供给中出现的问题中央和省级政府无法一一管理，需要地方政府进行管理，因此应当由中央和省级政府提供教育经费，地方政府对教育经费的使用根据具体情况加以管理。

应当由中央和省级政府提供教育经费，具体原因有三点：首先，县级政府无力承担义务教育的重任。目前，中国农村义务教育的经费主要以县级政府提供为主，但是县一级的财政状况并不理想。2001年，全国财政收入 16 386.04 亿元，中央本级收入 8 582.74 亿元，占 52.38%；地方本级收入 7 803.30 亿元，占 47.62%。其中，省本级收入 1 827.78 亿元，占 11.15%，地级市本级收入 2 863.12 亿元，占 17.47%，县本级（含乡镇）收入 3 113.40 亿元，占 18.99%[①]。县级政府的收入只占全国财政总收入的不足 1/5。仅以县级政府的财力办义务教育，经费肯定是不足的。县级政府面临着选择：要么向中央或省级政府寻求转移支付，要么将负担转移到农民身上。否则义务教育的质量和数量都难以保障。

其次，中国各地经济发展状况不均衡。东部和西部的经济发展不均

---

① 费菊英，改善义务教育投融资体制研究 [M]．广州：中山大学出版社，2007：63-64．

衡，各省之间的经济状况差别很大。即使在同一个省份里，各地区的经济状况也相差很多。仍以浙江省和江西省为例，2005 年浙江省人均自有财政收入最高的绍兴县为 3 745 元，而最低的文成县仅为 395 元；江西省人均财政收入最高的县贵溪市为 798 元，而最低的鄱阳县仅为 119 元。绍兴县的人均自有财政收入是鄱阳县的 30 多倍[①]。不同的县经济发展条件相差如此之大，对义务教育的投入能力也有巨大差距。为了保障不同地区尤其是贫困地区的儿童得到尽可能公平的受教育机会，中央和省级政府必须根据各地区的具体发展状况来确定对各地区的教育补贴的额度，对经济状况良好的地区少补贴或不补贴，对经济状况较差的贫困地区加大补贴的力度。

再次，在世界很多国家，基础教育的经费都由中央和地方政府共同承担，其中中央和省级政府承担更大的责任。根据 OECD 数据，2005 年 OECD 国家的中央、省级政府和县级政府对初等教育和中等教育的分担比例在财政转移支付前平均为 46.5：27.5：27.1；在财政转移支付后平均为 31.2：28.8：41.0。即使在以色列这个非 OECD 国家，中央和县级政府对初等教育和中等教育的分担比例在财政转移支付前也为 85.5：14.5；在财政转移支付后为 66.3：33.7。相比之下，中国的中央和省级政府承担的义务教育经费比例还很小。

最后，中国的经济实力不断增强，有能力为义务教育投入更多资金。迈入 21 世纪以来，中国的经济迅猛发展。2000 年，中国 GDP 为 89 404 亿元。按照中国国家统计局 2010 年 1 月 21 日公布的初步核算数据，2009 年中国 GDP 为 335 353 亿元，按照 2009 年人民币兑美元年平均汇率中间价 6.831 计算，约为 49 092.81 亿美元。据纽约时报报道，中国在 2010 年第二季度超过日本成为世界第二大经济体。日本官方证实了这一消息。日本第二季度的 GDP 总值为 1.28 万亿美元，中国第二季度 GDP 为 1.33 万亿美元。虽然中国的人均 GDP 还不多，2009 年为 3 678 美元，世界排名 100，但中国的经济已经呈现出蓬勃发展的态

---

① 曾明，张光. 农村教育支出的财政转移支付效应研究——以浙江、江西为例 [J]. 教育与经济，2009（3）：51-56.

势。中国有能力增加教育投入[①]。

6.1.2　法律约束

一些法律对政府财政收支作了规定，政府预算必须经过国家立法机关的审批才能生效，防止政府随意追加预算支出，不按规定使用财政资金。

在国外就有这样的成功例子，日本依靠教育法律不断完善和促进教育事业的发展。关于教育财政的法律有财政法、地方财政法、地方交纳税法、义务教育费国库负担法、市町村学校职员工资负担法、公立高级中学危险建筑物改建促进临时措施法、公立养护学校整备特别措施法等等。日本通过法律保障了教育财政经费，规定了学校经费的来源。国立学校的经费由中央政府负责，公立学校的经费由地方政府负责。日本的教育发展非常先进，这与日本的教育立法约束是分不开的。

中国的教育立法也有了一定的发展：1993 年颁布《中国教育改革与发展纲要》，同年颁布《教育法》，1998 年颁布了《高等教育法》。这些法律为教育事业的发展提供了法律保障，执行效果不尽如人意，需要积极改善法律环境，强化法律的约束力。

6.1.3　学生补助和学生贷款

政府提供学生补助和学生贷款实际上是以更优惠的方式向学生提供教育服务，学生补助就像商场对所售商品打折出售，学生贷款就像商场允许消费者以分期付款的方式购买大件商品，都是对供给条件的改善。对于同样的产品或服务，对不同的消费对象收取不同的价格，这是价格歧视。学生补助和学生贷款也是一种价格歧视，其目的是增加高等教育的消费人数，既对个人有利，又对社会有益。

奖学金是对学习成绩优秀的学生给予的奖励。助学金是对家庭经济困难的学生给予的补助。这两种资助形式既可以由政府拨款，也可以由私人部门支付。企业或组织通过发放奖学金和助学金来提高自己的知

---

① 马国贤，马志远．教育支出占 GDP 的比重：国际比较与政策建议 [J]．教育发展研究，2009（3）：8-12．

名度。

如果得不到补助的话，学生还可以进行贷款。有一种补助性贷款同时具备贷款和隐性补助的性质：资助的款项一部分来自学生自身，另一部分来自纳税人（如果是政府支付补助的话）。事实上，大多数国家的贷款都有补助，有时补助额度还相当大[①]。

1. 贷款方式

理想的公共贷款应当对所有学生开放，因而可以使更多学生受益。具体的还贷方式包括：固定月还款额和按收入比例还款。

固定月还款额是在固定的期限内，每期偿还固定金额。其优点是管理成本低。可是，申请贷款的学生需要承担很大的风险，这会减少学生申请贷款的热情，尤其是那些家境贫寒的学生。

按收入比例还款是借款人按照未来年收入的一定比例还款，这就使得还款期具有弹性。以这种方式还款，即使借款人未来的工资收入很低，他们也不必为了偿还贷款而发愁，因为他们可以延长还款期。这就极大地降低了借款申请人的风险。不足之处是虽然将资金贷出很容易，但回收资金会耗费巨额的管理成本，而且一些隐性收入无法核查。

2. 贷款利率

在贷款利率方面，各国的做法各不相同。在英国，学生贷款利率与通货膨胀率相等，即学生贷款的实际利率为零。而政府借款时，却要支付正的实际利率。这样一来，政府每提供 100 元的学生贷款，就要给学生补贴 30~35 元，给政府带来了巨大的财政压力。

1999 年新西兰对所有在校大学生实行名义利率为零的学生贷款制度。结果是政府每提供 100 元的学生贷款，只能收回 77 元。这一贷款制度导致获取贷款的学生人数增加，有些学生甚至还利用学生贷款套利，以获取私人利益。政府的贷款制度并没有有效地利用政府资源。

荷兰、瑞典和匈牙利的学生贷款按实际利率收取利息。因为这种贷

---

① 关于这类补助的讨论，见 Barr,1991，pp. 161-200.

款制度是按照收入比例还贷的，所以较高的利率并不会增加学生毕业后的月还款金额，只会使还款期限延长。这种贷款政策不会给政府带来大量财政压力。这种方法值得中国借鉴。

3.还款拖欠问题

学生贷款在很多国家都是通过税收渠道收回的。然而劳动力的国际流动性很高，对于移民到国外的劳动力无法通过征税的方式收回贷款，这样会造成移民贷款的拖欠问题。而在英国，即使贷款人离开英国国境也不能免除还贷义务，移民贷款的拖欠问题就不严重。

为了使贷款制度切实有效，就必须有强有力的政府支持和明晰的管辖权。具体的贷款制度如下：

确定借款人。一旦借款人（学生）获得贷款，就必须建立起身份确认记录。借款人需要提供与贷款相关的信息，如其就读学校，其父母的收入情况的信息。相关部门应当对其提供的信息进行核实，确保信息真实可靠。在借款人毕业之后，对其地址和其他相关情况进行追踪。

记录贷款具体内容，收取还款。确认借款人可以获取的贷款规模，记录贷款金额等信息。向借款人收取还款，必要时与税务局联络。向身在国外的借款人收取还款。追缴拖欠款项。记录已还款情况，计算未清偿余额，当贷款还清后停止收取还款。

政府还应当允许并鼓励私人部门提供学生贷款。完全的私人贷款虽然可以使一部分家庭没有支付能力的学生接受高等教育，但是私人贷款要求学生有家长的担保，并提供房产等有价值的物品作为抵押。家庭非常贫困的学生很难利用这种贷款方式。为了确保贷款能迅速偿还，每一期的还款额就会非常大；而在借款人收入较低的情况下，就需要建立延迟还款的制度。这种方式虽然在一定程度上能够缓解家庭资金紧张的状况，但是仍然给学生和家长带来沉重的还贷负担。

此外，还有其他各种以物代款的资助方式，比如通过资助食、住、行来减少日常开销。住宿费可以通过学生住在自己家里而节省下来，或者由政府或学校提供优惠待遇。

6.2 合理分配教育经费实现教育供给的效率

6.2.1 教育券

教育券最初是由美国经济学家弗里德曼于 1955 年提出的。最简单的模式是，政府将税款以教育券的形式发给学生，学生将教育券支付给自己选择的学校，这样就把税款支持和学校自负盈亏结合起来，而无须中央计划。学生人数多的学校得到的资金就会相应地多些，这些学校的发展就会更快。反之，吸引学生人数少的学校得到的资金就会少些，这些学校的发展就会比较缓慢，甚至破产。这种方式既不增加政府和学生的经济负担，又能促进学校间的竞争，有利于提高教学质量。但另一方面，教育券引起的学校间的竞争可能会造成大学生考试成绩的虚高，还有一部分国计民生不可或缺但又缺乏就业前景的学校和专业（如考古类）因为无人问津而面临破产的危险。

根据教育券的接受对象，北京师范大学教育系的冯晓霞教授将教育券分为"非排富性"和"排富性"两种。前一种是向受教育者提供同等面额的教育券，无论其贫富；后一种是只向低收入者提供教育券形式的补助。"排富性"教育券扶助弱势群体，同时又将有限的政府资金用于迫切希望接受高等教育而无力支付的人群，有利于增加社会福利。

根据教育券的接受学校，还可将教育券分为"非导向型"和"导向型"两种。"非导向型"教育券是无论学科专业，向学生提供同等面额的教育券。而"导向型"教育券则根据学科专业对社会的贡献大小以及在学生中的受欢迎程度，将教育券分为不同面额，重点扶持社会不可或缺而学生不愿报考的学校和专业。这样既有利于推进竞争机制，提高教学质量，又有利于扶持一些学校和专业。

简而言之，教育券可以有各种分配形式，适当的限制条件可以调节竞争的程度，并可以根据学科和地区的具体情况而异。

6.2.1.1　各种教育券的利弊

首先来分析非排富性教育券的利弊。弗里德曼、詹克斯、皮科克和怀斯曼都对教育券提出了自己的观点。根据冯晓霞教授的划分方法，弗里德曼的教育券属于非排富性教育券，而詹克斯以及皮科克和怀斯曼的教育券则属于排富性教育券。

弗里德曼提倡的是非排富性教育券，也就是说，将政府原本划拨给学校的教育款项以教育券的形式发放给学生或家长，无论贫富，对学生和家长发放等额的教育券。由学生或家长来选择学校，将教育券交给自己选择的学校。学校将收到的教育券再上交政府，换回等值的教育经费。由于学生及家长掌握了择校权，教育质量较好的学校就会收到更多的教育券，也就会得到更多的教育经费。教育质量较差的学校也会加强管理，努力提高教学质量以吸引更多生源。弗里德曼认为，通过教育券赋予学生和家长择校的权利，有利于从总体上提高学校的教育质量，而政府并不需要增加投入。这一思想至少有两个优点：第一，学生和家长拥有了选择学校的权利。第二，学校的教育质量会得到提高。按照弗里德曼的设想，非排富性教育券既可用于公立学校，也可用于私立学校。赞同的人认为非排富性教育券有利于促进公平。因为富人和普通人一样地纳税，甚至纳更多的税，而一旦为子女选择私立学校，就无法从政府那里得到自己"应得的"那一部分教育福利。通过实行非排富性教育券，富人就可以和普通人一样享受到政府的教育福利。其实这种说法是站不住脚的。因为在没有实施教育券制度的时候，无论富人还是普通人，所有的人都同样拥有选择的权利：要么享受政府的教育福利，让自己的子女进入公立学校；要么为了追求高质量、有特色的教育而放弃应得的教育福利，让子女进入私立学校。经过权衡之后，一部分人，尤其是富人，认为自己负担得起私立学校的高昂学费，或者认为私立学校物有所值，因此主动放弃了本可以在公立学校享有的教育福利。既然是自己的自由选择，就谈不上失去公平。

非排富性教育券意味着学生无论贫富都将得到政府的教育券，这会导致两种可能：要么增加政府的投入，要么高收入家庭占用普通家庭享有的补贴。在没有发放教育券的时候，大部分家庭的子女都进入公立学校学习，只有少数高收入家庭的孩子进入私立学校学习。政府对公立学校进行补贴，而不对私立学校进行补贴。实施了教育券制度之后，支付给公立学校的补贴转换成教育券的形式支付给了普通学生家长，而同时又增加了以教育券形式支付给高收入家庭的款项。这样就增加了政府的教育支出。在中国教育经费短缺的情况下，必须增加教育支出才能实现这种教育券制度。这是第一种情况。而在第二种情况下，如果政府仍按照原来的教育支出额发放教育券，高收入家庭将会占用原本由普通家庭享有资金的一部分。把有限的教育资金从普通家庭抽出一部分来补贴原本已经高收入的家庭，这不仅是不必要的（因为高收入家庭并不需要补贴仍然能够负担得起高昂的私立学校学费），而且也不是合理的（劫贫济富）。由于学生无论贫富都得到了等额的教育券，这实际上并没有缓解贫富差异带来的教育机会不均等问题，贫穷家庭的学生反而会因为富人学生参与补贴而得到更少的补贴，从而使他们的形势更加不利。

有一种看法认为这种教育券能够补贴私立学校，有利于提高私人办学的热情。但实际上这一措施只不过补贴了富人，私立学校并未从中获得更多收益。因为各所私立学校的学费虽然不同，每一所私立学校的学费随着时间的变化也可能有所调整，但是在一定时期内，一所私立学校的学费相对是固定的。在实行非排富性教育券制度之前，这笔学费完全由学生家长支付。在实行教育券制度之后，学生家长从政府那里得到一定面值的教育券，自己补充一定的金额，将学费再交给校方，然后由校方到相关部门将教育券兑换成等值的款项。无论是否存在教育券，私立学校从家长那里获得的学费金额没有发生任何变化，只不过是从完全的货币支付转变为部分货币、部分教育券支付。校方并没有从教育券制度中获得任何好处，得到补贴的是学生家长。还有一种看法认为，通过实行非排富性教育券制度，能够使一部分原本负担不起私立学校教育的家庭在教育券的帮助下进入私立学校，享受更好的教育。其实真正能够享受这份福利的人只是少数，大部分人仍然和以前一样，富有家庭的孩子入私立学校，普通家庭的孩子入公立学校。因为教育券补贴的额度并不足以让一些经济条件一般的家庭将孩子送入私立学校。

由此可见，非排富性教育券虽然能够提高资源配置效率，但不利于实现基础教育的公平，反而可能使贫富差距加大。在基础教育阶段，政府应当尽量保障弱势群体得到公平的受教育权利，而非排富性教育券是无法做到这一点的。

其次来分析排富性教育券的利弊。

詹克斯的教育券模型是给所有家庭发放基本面值的教育券，同时给低收入家庭再发放第二张教育券以保障这些家庭子女的受教育机会。学生和家长依然可以择校，而低收入家庭会得到更多的补贴。和非排富性教育券相比，詹克斯的教育券在提高资源利用效率的同时，也兼顾了公平。

詹克斯的教育券也存在不足。从政府的拨款方面来看，中国目前是地方政府直接拨款给学校作为教育经费。詹克斯提倡给所有家庭发放教育券，进入私立学校就读的高收入家庭也同样可以得到政府资助。低收入家庭会额外再多得一份教育券。如果中产阶级家庭得到的教育券面值和原本不实行教育券时从政府得到的教育补贴等值，那么增加了对高收入家庭和低收入家庭的补贴，就意味着政府的教育经费支出将大大增加。而如果政府的教育经费支出总额保持不变，这部分有限的资金要划拨一部分给高收入家庭（原先这些家庭因为子女在私立学校就读而享受不到政府补贴），还要划拨一部分给低收入家庭，中产阶级的子女得到的教育补贴就必然会减少。这显然不是帕累托改进。

从学生缴纳的学费方面来看，中国目前基础教育是义务教育，即免除学费，但是学校可以向学生收取杂费。采用教育券制度以后，原本发放给学校的教育经费以教育券的形式发放给学生，学校向学生收取教育券作为学费，再用收来的教育券从政府那里换回等额的教育经费。问题是，学校将怎样收取学费呢？是各所学校按照统一的标准向每个学生收取同等的学费？还是教学质量较好的学校收取较高的学费？如果统一学费，那么额外发给低收入家庭的第二张教育券就失去了意义。如果允许质量较好的学校收取较高的学费，那么学费是否会水涨船高，低收入家庭获得的两张教育券能否足以支付较高的学费，这都是未知数。

从学校录取学生的方面来看，中国目前是根据基础教育阶段学生所在的学区来决定学生就读的学校。一旦采用教育券制度，学生和家长拥有了择校权，学区的划分就必将被打破。在这种情况下，学校录取学生有三种可能的方式：第一，根据成绩录取，尽可能录取学习成绩较高的学生；第二，根据家庭经济条件录取，教育质量高的学校学费提高，只有负担得起学费和教育券面额差额的学生方能被录取（假设学校有自己制定学费的权力）；第三，综合学生的成绩和家庭经济条件，只有达到一定分数以上并能缴纳足够学费的学生方可被录取。对于学校来说，单纯按照成绩录取会提高学校的声望，但使本校获得的教育经费受损；单纯提高学费会增加本校的教育经费，但会影响学校的声望。结合学生成绩和家庭经济条件录取也许是更好的办法，但如何在学费和学生成绩之间权衡取舍，也将成为学校面临的问题。

在美国的密尔沃基市（Milwaukee）实行的教育券制度基本上是按照詹克斯的教育券模型设计的，其目的在于让低收入家庭的学生也能接受高质量的教育。凡是符合入学条件的学生，学校都不得拒收。但是如果报名学生的人数超过学校可以容纳的限度时，通过抽签来决定招收哪些学生。被拒的学生可以继续报名其他学校。有学者担心，教育质量高的学校是否愿意采用抽签的方式，因为与这个方式相比，提高学费对学校会更为有利。而这样一来，低收入家庭的学生仍然无法进入高质量的学校就读。在实行了教育券制度以后，密尔沃基市提高了税收以弥补教育经费的不足。

与皮科克和怀斯曼的收入相关模型相比，詹克斯的教育券模型不够灵活。因为低收入家庭的收入状况也存在差异，一概而论地向他们发放等额的补偿性教育券同样不利于实现公平。

皮科克和怀斯曼的收入相关模型根据家庭收入的高低来决定该家庭收到的教育券的面值高低。与弗里德曼的自由市场教育券模型相比，收入相关教育券模型更加关注公平；与詹克斯的补偿性教育券模型相比也更加灵活。不足之处是可能导致家庭产生虚报瞒报收入的动机。

实际上，各种教育券都存在着不足。各种教育券都是通过赋予家长择校权利来提高效率，这一点在具体实施中也存在问题。第一，信息不对称，家长往往缺乏择校的能力。家长将教育券投向哪所学校，在一定程度上会受到子女的影响。而作为基础教育的直接消费者的中小学生并不具备成熟的判断能力，很有可能哪个学校的老师对他们态度好，不批评他们，放任自流，哪个学校就会受到他们的青睐。这对基础教育阶段的学生的教育是极其不利的。第二，学校有弄虚作假的动机。目前，中国在基础教育阶段尚不存在全国性的统考，大部分考试都由学校自己出题，自己批阅，自己打分。为了营造学校教育质量很高的假象，学校可以降低出题难度，给学生打高分，使家长误认为自己的子女成绩有所提高。这些都对家长择校权的实施造成了阻碍。第三，学校的数量和规模是否足以保障学生和家长择校的权利。学校的数量太少，则不利于竞争。学校的数量过多，可容纳的学生超过学生人数的话，在竞争中处于劣势的学校则面临关闭的威胁。这些学校一旦关闭，学生的人数和各所学校可容纳的人数相等时，各所学校无论如何都能招到学生，很可能会失去竞争的动力。

6.2.1.2 教育券在高等教育中的应用

对于教育券的使用一直有很多争议，但通常是关于教育券在基础教育阶段的应用。在高等教育阶段使用教育券是指：凡是满足入学条件的学生都可以获得一张教育券，上面有一定面值，可以在自己选择的大学使用。其面值可以根据课程的成本、课程的类型、学生的家庭背景而不同。例如，为了增加某一人才短缺的专业的学生人数而使这一专业的教育券面值较大。

因此，教育券是一种灵活的工具，可以用来有效率地分配政府的资金，但是其本身并没有改变投入高等教育的资金总量，只是改变了教育资金的分配方式。实际上，教育资金是通过个人流向高等教育供给，而不是从高等教育机构进入高等教育供给。学生将比目前处于更有利的地位，大学则必须相互竞争以吸引生源。和现在相比，政府资金将会得到更有效的利用。然而，教育券仍然无法增加教育资源，而且由于允许学校自己设定学费，学生手中的教育券可能无法得到充分利用。例如，一名学生由于家庭非常贫困而得到了面值为 10 000 元的教育券，但他选择的考古专业只需花费 8 000 元。

6.2.1.3 教育券在我国的应用

在中国浙江的长兴县已经实施了教育券制度，其目的是为了发展职业教育和民办学校。其具体实施方法是：向在民办学校就读的义务教育阶段新生发放面额为 500 元的教育券；向在职业学校就读的新生发放面额为 300 元的教育券。学生入学后将教育券交给学校，学校用收到的教育券向教育局申请等额的教育经费。2002 年长兴县又将教育券的覆盖面扩展到贫困生，为小学阶段的贫困生提供 200 元的教育券，为初中阶段的贫困生提供 300 元的教育券。长兴县实行教育券制度的目的主要有三点：第一，增加对教育私人供给的支持；第二，改变当地职业教育不受重视的局面；第三，补助贫困学生。长兴县根据这三点分别设计了三种教育券，取得了良好的成效。通过对教育私人供给的支持，鼓励了私人投资教育，仅用两年便吸引了 3 亿元民间资金流入教育领域，使教育经费大大增加。通过对职业教育的扶持，扭转了职业教育和高等教育发展不协调的局面，普通高中和职业高中的招生比例由 2000 年的 1∶0.37 上升到 2002 年的 1∶1，体现了政府的宏观调控作用。通过对贫困学生的补助，促进了教育供给的公平。长兴教育券的事例说明，一项政策是否能起到积极作用取决于是否根据当地的具体问题设计实施。教育券也是这样，需要根据各地自身的发展需要加以调整，正确利用。

6.2.2 差别学费和收入相关贷款政策相结合

差别学费是指赋予大学更大的自由，允许它们自己设定学费，并保留学费收入。但这需要建立在几个条件之上：首先，学生支付的学费份额需要比目前更大。第二，不同的大学具有不同的成本结构，如课程设置的不同，教学和科研比重的不同，是向本地输送人才还是向全国输送人才，教职员工的工资结构不同等等。而且，成本的差异比以前更大，因为现在的大学数量更多，提供的专业和课程更加多样化。最后，这会导致更多地通过市场机制来调节高等教育供求，而不需要成本高昂的政府调控。

但是需要看到，差别学费的收益取决于学费的高低以及高昂学费对需求的影响。即使大学在极其宽松的环境下，有权力收取最高的学费，如果学生无法负担高昂的学费从而导致入学率的下降，大学仍然无法获得更多的教育资金。从学生的角度来看，低收入家庭的学生受到的影响最大。收入相关贷款能够在一定程度上解决这一问题，使高等教育在消费的时候仍然是免费的。澳大利亚的实践证明，差别学费和收入相关贷款结合起来并未影响入学率。1989年澳大利亚成为实行差别学费的第一个国家，大学根据学科的不同设定学费，学生根据毕业后的收入偿还贷款。Chapman和Ryan（2002）发现澳大利亚的高等教育入学率不降反增，而且低收入家庭的学生入学率也没有下降。Blondal等（2002）也根据新西兰的情况证实了这一点。

值得注意的是，政府对高等教育投入的减少比免费高等教育更加有的放矢。

高等教育的经费如果完全由政府承担，那么就是纳税人实际上在承担。为了获得效率和公平，高等教育的受益者应当承担更多的教育成本。收入相关贷款就使得人们能够从高等教育的收益中抽取一部分抵偿教育的成本。差别学费制度允许大学根据自己的成本结构、招生对象和教职员工的质量设定学费。这也有利于政府将经费更有效地投向低收入家庭的学生，使他们在获得教育的时候享受免费的待遇。

6.2.3　根据经济发展阶段发展教育

政府财政支出的范围要限定在公共产品和非市场领域。教育属于准公共品，应当由政府提供。教育内部也存在着公共领域和市场领域的划分，对于市场领域的活动，政府应当让位于市场，使其按照市场规律运行。市场领域的活动包括后勤支出、学校社会的服务活动支出、成人教育支出等等。对于非市场领域的活动和具有公共性质的教育活动，则应当由政府提供经费，进行管理。

在中国经济发展过程中的各个阶段，对教育发展的需要也随之变化。在经济不发达的阶段，工业化程度低，农业在国民经济中所占比例较大，生产活动对劳动者的素质要求不高，劳动生产率低。这一阶段对教育的需求也比较低，重点是发展基础教育，消灭文盲，逐步提高劳动者的素质。在经济中等发达阶段，工业化程度提高，生产活动对劳动者的素质要求逐渐提高，劳动生产率提高。这一阶段对教育的需求有所提高，除了继续发展基础教育之外，还要大力发展中等教育和职业技术教育，以培养较高层次的劳动者，适应工业化的发展需要。在经济发达阶段，人民生活水平大大提高，工业化程度比前一阶段更高，第三产业在国民经济中的比例逐渐增大，对高层次的劳动力有了更多的需求。这一阶段经济发展对教育的层次和教育的质量都有了更高要求，应大力发展高等教育，为社会提供专业技术人才和经济管理人才。中国目前各地发展不均衡，各地所处的发展阶段也各不相同，因此各地对教育的需求也不尽相同。在经济非常落后的地区，应重点发展基础教育；在经济中等发达地区，应重点发展中等教育和职业技术教育；在经济发达地区，应重点发展高等教育。各地区的教育发展应与当地的经济发展需要相适应，同时加大对贫穷落后地区的支持，增加贫穷落后地区的教育经费，通过教育使其脱贫，改变当地落后面貌。

有的发展中国家曾经认为，经济建设离不开高等教育，因此把重点放在高等教育而忽视了基础教育。然而，过度地发展高等教育并没有促进经济发展，反而产生了一些社会问题。印度就曾经在基础教育十分欠缺的情况下，忽视基础教育而大力发展高等教育。这一方面造成失学儿童大量增加，另一方面大量毕业生找不到工作，严重影响了印度的经济发展和社会稳定。20 世纪 70 年代末，印度政府开始调整教育投资结构。80 年代以来，印度高等教育的公共经费所占比重逐步下调，基础教育的相对份额有所回升，基本上达到了国际上的一般比例。

第7章　结论

　　教育对社会和个人都起着积极的作用。人力资本理论和知识经济学都论述了教育对经济增长的作用。人们接受教育的年限和质量不同，劳动力的质量不同，带来的经济增长也不同。经济增长理论对知识在经济增长中的作用进行了较为深入的论述。知识的产生和传承离不开教育，发展知识经济需要的高素质劳动力必须靠教育部门来培养。除了促进经济增长，教育还能够促进人口与经济良性循环，有利于保持社会安定。教育除了对社会有着诸多积极作用，对个人也能产生积极作用。教育能够提高个人在人力资本市场的价值，增加工资收入。受过更多教育的人通常具有更强的能力，因而有更强的职业适应性，拥有更多的就业机会。教育还有助于家庭和谐，改善人们的健康条件，有利于对下一代的培养，对家庭有益。教育还能提高个人的品味和情操，使人们更好地享受人生。

　　本书的研究对象是教育的供给，根据萨缪尔森对公共产品的定义以及公共产品非竞争性和非排他性两个特征来判断，教育并不是严格意义上的公共产品。教育的非竞争性和非排他性都不完全，因而是一种准公共品。根据准公共品的非竞争性和非排他性的强弱，可以将准公共品的公共品性按照从弱到强进行排列，越接近公共产品，非竞争性和非排他性就越强；越接近私人产品，非竞争性和非排他性就越弱。基础教育更接近公共产品，高等教育更接近私人产品。

7.1 中国教育供给存在的主要问题

本书主要研究在教育的供给中教育经费是否充足，教育经费的分配是否能够提高效率、促进公平。在教育经费是否充足方面，和 OECD 国家相比，中国的教育投入仍较低。随着中国经济的发展，社会需要更多、更高层次的人力资本；而另一方面，经济的发展也为教育经费的增加提供了有利条件。因此，政府应投入更多的经费用于发展教育事业。除了政府之外，还需要通过多种筹资方式和渠道筹集教育经费，使教育经费的总量有所增加。此外，高等教育由于能够给个人带来直接收益，所以个人也应当参与到高等教育成本分担之中。

在教育经费的分配方面，基础教育应当更加侧重公平，而高等教育则应当侧重效率。基础教育具有很强的正外部性，有利于提高整体的国民素质，有利于社会的和谐安定，有利于消除不平等，通常由政府来提供。和世界上许多国家一样，中国在基础教育阶段实行义务教育，基础教育是一种社会福利。基础教育的供给应当以公平为主，应重点发展贫困地区的基础教育，帮助弱势群体。但目前我国基础教育面临的主要问题是缺乏公平，主要表现为地区间、城乡间、男女间的受教育机会和受教育质量的差别。

高等教育的经费分配应当更加侧重效率。高等教育是一种准公共品，和基础教育相比，高等教育具有更强的私人产品性质。高等教育能为个人带来的主要收益是更多的工作机会和更高的工资收入。高等教育往往是个人在工作之前接受的最后一个阶段的学校教育，因而对人力资本的最终形成起着举足轻重的作用。正因为这样，人们在选择高等教育的时候，就会考虑学习的专业是否适合自己，是否有利于毕业后的求职，也会考虑学费的问题。

中国高等教育的供给目前仍存在诸多问题，总体来说可以归纳为三类：高等教育的政府供给和私人供给不均衡；高等教育的机会和结果不公平；高等教育的供给缺乏效率。而其中最主要的问题是高等教育的供给缺乏效率的问题，即高等教育机构提供的教育服务是否适合社会的需要的问题。

7.2 如何实现教育供给的公平与效率

7.2.1 基础教育的供给应侧重公平

在分配教育经费方面，中国实行"县管教育"的模式，即基础教育的经费由基层政府提供。鉴于中国地区经济发展不均衡，各地区基层政府的财政收入差距很大（其中既包括省级差距，也包括省内差距），由基层政府提供基础教育经费不利于在全国范围实现基础教育的公平供给。因此，基础教育经费的提供应当向上级政府转移，由中央政府根据各地区的经济发展状况和基础教育发展状况进行协调，对经济较发达、基础教育发展较好的地区减少教育经费投入；对经济发展较落后、基础教育发展较差的地区加大扶持力度，增加教育经费投入。为了使中央政府更好地了解各地基础教育的发展状况，可以借鉴澳大利亚的做法，每年召开会议，让中央教育主管部门与地区教育主管部门共同协商教育经费的配给。

此外，政府部门还应当不断降低基础教育的入学门槛，尤其是免除贫困地区、贫困家庭学生的各种学杂费用，甚至通过补贴住宿费，提供免费午餐来吸引适龄儿童接受基础教育。目前，中国的义务教育进展比较顺利，发达地区的学龄儿童入学率相当高；需要引起重视的是贫困地区和贫困家庭儿童的入学问题，尤其是女童的入学问题，以及贫困地区和贫困家庭儿童接受教育的质量问题。不但要努力实现受教育机会的公平，也要努力争取使所有儿童受教育质量尽可能公平。

7.2.2 基础教育的供给应兼顾效率

中国的基础教育阶段以公立学校为主，也存在一些私立学校。发展私立学校有利于提高教育供给的效率。这些私立学校以各具特色的教学内容和独到的管理方式为人们提供了另一种选择,是公立学校的有益补充。在这些私立学校中,既有为了发展教育事业的非营利性私立学校,也有以获得更多利润为目的的营利性私立学校。无论私立学校以营利为目的还是以社会福利为目的,都或多或少对社会具有积极意义。政府应当鼓励和支持私立学校,借鉴国外的做法,对非营利性私立学校免税,同时要求学校将所得利润用于改善学校教学条件上。而对于营利性私立学校,供求关系和市场规律会促使它们向对社会有利的方向发展,政府无须过多干涉,只需加以正确引导,提供必要的支持即可。

由于基础教育是一种社会福利,在权衡公平和效率的关系时,应当以公平为主,兼顾效率。而基础教育中的公立学校如果缺乏适度的竞争就会出现资源配置效率低,缺乏提高教育质量的动力等状况。为此,弗里德曼提出了教育券理论,在不改变政府供给教育的条件下,通过赋予学生及家长择校的权利提高公立学校的办学效率和教学质量。在弗里德曼的教育券理论基础之上,詹克斯、皮科克和怀斯曼对其进行了进一步的发展。总体来说,弗里德曼的教育券属于非排富性教育券,而詹克斯以及皮科克和怀斯曼的教育券属于排富性教育券。非排富性教育券不利于公平,将本已短缺的经费抽出一部分补贴富人。排富性教育券则面临着公平和效率的权衡:如果政府允许学校自定学杂费,穷人仍然得不到接受高质量教育的机会,无法保证公平;如果学校不能自定学杂费,学校将会失去提高教学质量的动力,无法提高效率。目前,中国基础教育的供给情况是地区间差异较大,城乡发展不平衡。需要解决的问题是贫困地区和农村地区的基础教育供给,这只能通过政府增加教育资金投入来解决。教育券制度能够提高资源的利用效率,提高教育质量,可以在基础教育已经得到普及的城市富裕地区根据当地的具体需要实行。浙江的长兴县已经实行了教育券制度,由于结合当地的具体情况,对教育券制度进行了适合当地情况的变革,因而取得了较好的成效。教育券是一种工具,没有好坏之分,应当看怎么用,才能够解决现实社会中的问题。

7.2.3 高等教育的供给应侧重效率

在学生接受高等教育的前后，有两组供求关系。一个是高等教育的供求关系，供给方是学校，需求方是学生；另一个是人力资本的供求关系，供给方是毕业后的学生，需求方是企业等用人单位。后一组供求关系直接影响着前一组供求关系，也就是说，用人单位需要什么样的人才，就会有学生愿意去学习这一方面的专业知识；而学生对某一专业的需求又在一定程度上影响着学校对这一专业的招生人数，即高等教育的供给。简而言之，高等教育供给多少，设置哪些专业，应当以市场对人才的需求为准。在这方面，日本私立大学的成功就为中国的高等教育发展提供了良好的借鉴经验。在把握市场需求方面，私立大学的反应更为敏锐，政府应当为私人兴办大学创造良好的政策环境，发挥私立大学的优势，提供适合市场需要的教育服务。和私立大学相比，公立大学的课程设置需要经过上级审批，因此更新的周期要比私立大学长。公立大学应当简化课程设置审批手续，及时根据市场需要培养相关人才。中国目前高等教育供给的问题主要不是供给不足，而是供给的人才不被社会需要，或大于社会需要量。这就造成了大学生就业难的问题。无论公立大学还是私立大学，都应当根据人力资本市场的需求来提供高等教育服务，这样才能保证培养出来的人才能够被社会所需要，也才不会浪费有限的教育资源，培养出和社会需要脱节的学生。

需要注意的是，高等教育并非只提供应用型人才，也提供社会必不可缺的基础学科人才，如数学家、天文学家、考古学家等等。他们的研究成果未必会立即转化成为生产能力，但却被社会所需要。对于这些学科，私立大学可能不具备足够的资金实力修建实验室，购买各种设备。由于这类人才社会的需求有限，私立大学也不大可能聘请这些领域的教授授课。因此，这些学科的高等教育主要还是由公立大学提供。

高等教育也可以采用教育券来提高效率。排富性教育券本身并没有改变投入高等教育的资金总量，只是改变了教育资金的分配方式。大学必须相互竞争以吸引生源，因此教育质量会有所提高，政府资金也会得到更有效的利用。

7.2.4　高等教育的供给应兼顾公平

由于高等教育实行成本分担，高等教育的学费对一部分学生而言是个不小的经济负担。为了帮助经济有困难的学生能够负担得起高等教育的学费，鼓励优秀人才接受高等教育，可以通过奖学金和助学金等补助减轻学生和家庭的负担。还可以向学生提供勤工俭学的机会，增加学生收入，使他们有更多可支配收入用于学习和生活中的各项开支。在这些方面，中国的高等教育机构已经开展实施了，并取得了较好的成效。

此外，还可以借鉴国外的做法，对学生提供和未来收入相关的助学贷款。学生毕业后，根据其收入的多少按照一定比例偿还贷款，收入高的用较高比例的收入还款，收入低的用较低比例的收入还款，收入低于一定水平的可以免于还款。这样，不同收入的毕业生还款期限的长度就不同，收入低的毕业生需用更长的时间还清贷款。还有一种将差别学费与收入相关贷款结合起来的做法，经一些国家检验行之有效。在这一机制下，学校被赋予为学费定价的权利，而学生则可以根据毕业后的收入按一定比例偿还学费。这种做法既有利于提高教育资金的利用效率，又不至于导致教育机会的不公平，值得借鉴。

7.3　根据国情发展教育

教育事业利国利民，政府和社会各界都应当支持教育事业的发展，但是教育的发展要取决于经济发展的阶段，不能盲目地超前发展教育。在一个国家经济发展的起步阶段，生产活动对劳动者的素质要求不高，这一时期应当重点发展基础教育；在经济中等发达阶段，生产活动对劳动者的素质要求逐渐提高，这一时期应当重点发展中等教育和职业技术教育；而在经济发达阶段，社会对教育的层次和教育的质量都有了更高要求，这一时期应当大力发展高等教育，培养出高层次的管理人才和科技人才。教育发展超过经济发展会使高级人才缺乏用武之地，造成资源的浪费；教育发展落后于经济发展会阻碍经济的快速发展。中国各地区发展不均衡，各地区教育发展的侧重点也不同。在经济非常落后的地区，应重点发展基础教育；在经济中等发达地区，应重点发展中等教育和职业技术教育；在经济发达地区，应重点发展高等教育。

主要参考文献

[1] 庇古. 福利经济学 [M]. 北京：华夏出版社，2007.

[2] 查显友. 中国高校融资结构优化研究 [M]. 北京：中国人民大学出版社，
     2009.

[3] 陈华亭. 中国教育筹资问题研究 [M]. 北京：中国财政经济出版社，2006.

[4] 厄本，瓦格纳. 美国教育——部历史档案 [M]. 3版. 北京：中国人民大
     学出版社，2009.

[5] 费菊瑛. 改善义务教育投融资体制研究 [M]. 广州：中山大学出版社，
     2007.

[6] 金莲. 中国贫困地区的教育与发展 [M]. 北京：中国财政经济出版社，
     2009.

[7] 靳希斌. 教育经济学 [M]. 3版. 北京：人民教育出版社，2008.

[8] 雷家骕，冯婉玲. 知识经济学导论 [M]. 北京：清华大学出版社，2001.

[9] 麦克南，布鲁，麦克菲逊. 当代劳动经济学 [M]. 6版. 北京：中国人民
     大学出版社，2004.

[10] 史万兵. 高等教育经济学 [M]. 北京：科学出版社，2004.

[11] 孙月平，刘俊，谭军. 应用福利经济学 [M]. 北京：经济管理出版社，
      2004.

[12] 王培根. 高等教育经济学 [M]. 北京：经济管理出版社，2004.

[13] 伊兰伯格，史密斯. 现代劳动经济学. [M]. 6版. 北京：中国人民大学出

版社，2006.

[14]　约瑟夫．公共部门经济学［M］．北京：中国人民大学出版社，2005.

[15]　张光，曾明．公共经济学［M］．武汉：武汉大学出版社，2009.

[16]　睢国余，麻勇爱．中国教育经费合理配置研究［M］．北京：北京大学出版社，2009.

[17]　白彦峰．教育税与中国教育经费的财政投入问题研究［J］．经济与管理，2007（10）：69-73.

[18]　蔡增正．英语国家教育经济学的历史沿革［J］．教育与经济，2001（2）：47-53.

[19]　曹惠容．试论新加坡教育投资政策从宏观到微观层面的特点［J］．教育财会研究，2008（2）：45-49.

[20]　曹静韬，冯红梅．投资主体多元化：我国教育发展的必然趋势［J］．北京城市学院学报，2008（4）：22-26.

[21]　岑建．试论教育管理实践中的交易成本［J］．技术经济与管理研究，2009（1）：79-81.

[22]　曾明，张光．农村教育支出的财政转移支付效应研究——以浙江、江西为例［J］．教育与经济，2009（3）：51-56.

[23]　曾以禹，钱克明．"集中资源办学"政策对贵州省边远少数民族贫困地区农村基础教育影响的调查［J］．教育与经济，2005（1）：15-18.

[24]　查显友，丁守海．对我国高等教育外部性的实证分析［J］．经济理论与经济管理，2006（1）：41-45.

[25]　陈梅．特许学校比教育券受欢迎［J］．教育发展研究，2006（9）：87.

[26]　陈潭，罗新云．公共教育资源配置失衡及其政策补给——以湘南H区2005年的相关教育数据为分析样本［J］．公共管理学报，2008（4）：95-105.

[27]　程浩，管磊．对公共产品理论的认识［J］．河北经贸大学学报，2002（6）：10-17.

[28]　秤红艳．义务教育免费政策和基础教育均衡发展［J］．教育与经济，2009（2）：16-20.

[29]　崔盛．县级财政中教育所占比例的估计［J］．教育与经济，2007（3）：46-52.

[30]　范先佐．要努力扩大优质教育的供给［J］．中国教育学刊，2005（11）：6-7.

[31]　古翠凤，周劲波．基础教育供给的历史变迁［J］．内蒙古社会科学，2008（7）：139-144.

[32]　郭春发．教育选择权与教育公平［J］．青海师专学报：教育科学，2006，

　　　　（1）：78-81.

[33] 亨利. 义务教育后的受教育权利：资助终身学习的教育券制度 [J]. 北京大学教育评论，2003（4）：54-59.

[34] 胡咏梅，杜育红. 中国西部农村小学资源配置效率评估 [J]. 教育与经济，2008（1）：1-6.

[35] 胡源源，胡青. 教育券的教育公平探讨 [J]. 江西教育学院学报：社会科学，2006（10）：50-52.

[36] 黄丹，王智武. 高等教育实行教育券制度的可行性分析 [J]. 黑龙江高教研究，2006（3）：16-19.

[37] 贾琳琳. 应用经济学的供求理论分析我国教育需求与教育供给的矛盾及解决办法 [J]. 辽宁教育行政学院学报，2005（5）：48-49.

[38] 金子元久. 教育中的市场机制 [J]. 教育与经济，2003（2）：1-4.

[39] 赖德胜，李亚琪. 论民办教育的改革效应 [J]. 河北学刊，2002（6）：61-65.

[40] 乐志强，高鹏. 论高等教育外部性内在化的政府补贴措施 [J]. 高教探索，2007（5）：57-59.

[41] 李江，关立新. 高等教育供给：基于经济学视角的分析 [J]. 黑龙江高教研究，2009（4）：14-17.

[42] 李美玲. 教育供给在市场与政府之间——基于公共选择理论的分析 [J]. 现代企业教育，2009（7）：172-173.

[43] 李鹏飞，唐久芳，胡义芳. 教育税与财政性教育资金投入不足问题的研究 [J]. 生产力研究，2009（9）：50-51.

[44] 梁佩新. 中美两国教育券制度比较分析 [J]. 中国科技信息，2005（23）：150.

[45] 刘复兴. 政府的基本教育责任：供给"公平"的教育政策 [J]. 北京师范大学学报：社会科学版，2008（4）：5-10.

[46] 刘乐山. 深化农村义务教育经费保障机制改革与居民收入差距调节 [J]. 教育与经济，2006（2）：39-42.

[47] 刘乐山. 中央和省级财政分摊农村义务教育经费的经济学思考 [J]. 教育与经济，2004（4）：48-51.

[48] 刘小峰，林坚，李勇泉. 农村教育供给问题研究——以福建省40个行政村为例 [J]. 教育发展研究，2008（11）：5-8.

[49] 刘欣. 农村中小学布局调整与寄宿制学校建设 [J]. 教育与经济，2006（1）：30-32.

[50] 陆喜元. 教育外部性研究探微 [J]. 大庆师范学院学报，2006（8）：135-

137.

[51] 罗丹. 试论农村公共教育的供给现状与对策 [J]. 当代教育论坛，2007 (2)：17-18.

[52] 吕国光. 结构方程与中国农村儿童入学的决定因素 [J]. 教育科学，2008 (2)：68-74.

[53] 吕如斌，程露. 论我国财政对教育投资的现状及对策 [J]. 广东财经职业学院学报，2009 (2)：13-17.

[54] 马成林，王俊. 我国教育公共需求扩张与供给问题研究 [J]. 辽宁教育研究，2006 (12)：29-31.

[55] 马国贤，马志远. 教育支出占 GDP 的比重：国际比较与政策建议 [J]. 教育发展研究，2009 (3)：8-12.

[56] 马红梅. "高等教育外部性" 研究综述 [J]. 理工高教研究，2008 (5)：30-33.

[57] 茅于轼. 印度：把教育拨款换成 "教育券"[J]. 同舟共进，2007 (12)：26-27.

[58] 茅于轼. 印度农村教育的新经验 [J]. 农村金融研究，2007 (10)：63-64.

[59] 倪清燃. 从教育的外部性角度谈政府对教育的补贴问题 [J]. 宁波大学学报：教育科学版，2006 (1)：33-35.

[60] 潘明韬，彭杨. 最优义务教育供给和政府间财政 [J]. 经济研究导刊，2008 (7)：202-203.

[61] 阙海宝，李曦，顾美玲. 教育券：高等教育拨款机制的创新 [J]. 比较教育研究，2005，(5)：80-83.

[62] 石钧. 现阶段我国发行专项教育彩票筹资的几点思考 [J]. 教育财会研究，2007 (2)：6-7.

[63] 孙百才，常宝宁. 西部农村义务教育实施 "两免一补" 的政策效应分析 [J]. 教育与经济，2008 (3)：14-18.

[64] 孙百才. 中国教育扩展与收入分配研究 [J]. 统计研究，2005 (12)：20-22.

[65] 孙进华，于可. 欠发达地区教育存在的基本问题 [J]. 教育与经济，2003 (1)：63.

[66] 孙学玉，周义程. 新公共管理与中国高等教育供给体制改革 [J]. 江海学刊，2004 (4)：95-100.

[67] 谭春芳，李继宏. 我国农村义务教育财政体制存在的问题 [J]. 教育与经济，2003 (3)：64.

[68] 田科瑞. 论西部贫困地区女童教育公平问题 [J]. 西南师范大学学报：人文

社会科学版，2005（3）：81-87.

[69] 涂晨光. 从教育的供给和需求看中国农村初中学生辍学原因 [J]. 科教文汇，2007（2）：33-46.

[70] 王嘉毅，常保宁. 西部农村义务教育实施"新机制"的成效、问题与对策 [J]. 教育与经济，2008（2）：1-5.

[71] 王嘉毅，王成军. 西部农村地区义务教育"新机制"实施情况调查分析 [J]. 教育发展研究，2009（18）：7-10.

[72] 王杰. 大学生个人教育支出和筹资状况的实证分析 [J]. 教育与经济，2004（1）：30-35.

[73] 王娟. 教育偏好与教育投资行为分析 [J]. 商业研究，2005（18）：146-149.

[74] 王军. 试论公共财政框架下的基础教育供给 [J]. 山东社会科学，2005（11）：80-83.

[75] 王鹏. 以有效的教育供给引导和开发教育消费 [J]. 教育探索，2004（3）：45-47.

[76] 王一涛，安民. "教育是公共产品吗？"——对一个流行观点的质疑 [J]. 复旦教育论坛，2004（5）：37-41.

[77] 王卓民. 教育效率与认识效率 [J]. 运城高等专科学校学报，2000（5）：84-88.

[78] 邬志辉. 发展农村教育：金融危机时期我国教育发展的战略重点 [J]. 教育发展研究，2009（11）：15-19.

[79] 吴宏超，杨秀芹. 论教育机会的形成与分配 [J]. 当代教育论坛，2008（10）：15-17.

[80] 吴华. 把教育凭证制度建立在权利平等的基础上——重新审视"教育券"的观念基础 [J]. 教育与职业，2006（10）：36.

[81] 吴华. 对公办学校改制政策的初步评估 [J]. 教育发展研究，2006（4）：20-25.

[82] 夏焰，林群. 美国科罗拉多州的高等教育券计划及启示 [J]. 现代大学教育，2007（1）：83-87.

[83] 肖赞军. 中国义务教育投入的二元化特征 [J]. 教育与经济，2006（2）：43-47.

[84] 小盐隆士，妹尾涉. 日本的教育经济学：实证分析的展望和课题 [J]. 教育与经济，2004（2）：50-53.

[85] 杨军木. 中国居民受教育情况实证研究 [J]. 绍兴文理学院学报，2002（1）：85-86.

[86] 杨明华. 教育资源共享的逻辑与路径：基于教育资源经济属性的分析 [J].
江海学刊，2007（5）：223-227.

[87] 油晓峰. 我国财政性教育支出的问题和对策 [J]. 软科学，2003（2）：
34-37.

[88] 翟海魂. 如何看待现阶段教育的主要矛盾 [J]. 教育发展研究，2006
（17）.

[89] 翟华. 论教育服务供给的影响因素 [J]. 经济问题探索，2006（12）：
128-131.

[90] 张力，李孔珍. 农村义务教育经费保障机制政策研究 [J]. 教育发展研究，
2008（9）：1-6.

[91] 张万朋. 市场经济条件下政府如何干预教育产业发展 [J]. 江苏高教，
2003（2）：5-8.

[92] 张霞珍. 免费义务教育：政府需处理的三对关系 [J]. 教育发展研究，
2008（7）：35-38.

[93] 张筱峰，刘剑. 加强和优化我国教育投资的财政支持政策研究 [J]. 中国软
科学，2003（4）：19-24.

[94] 张业圳. 统筹城乡与我国农村基础教育产品供给 [J]. 福建师范大学学报，
2007（1）：123-128.

[95] 张翼. 多元办学体制的建构与教育公平的推进 [J]. 教育与经济，2004
（2）：37-39.

[96] 赵全军. 压力型动员：改革后中国农村义务教育的供给之道 [J]. 云南社会
科学，2008（4）：72-76.

[97] 赵世奎，张彦通. 过度教育的预警研究 [J]. 高等工程教育研究，2008
（4）：81-84.

[98] 赵万水. 后农业税时代的农村教育经费供给 [J]. 中国教育学刊，2005
（12）：20-26.

[99] 赵亚静. 以提高农村义务教育质量的视角思考教育公平 [J]. 吉林师范大学
学报，2008（4）：104-107.

[100] 钟宇平，雷万鹏. 公平视野下中国基础教育财政政策 [J]. 教育与经济，
2002（1）：1-7.

[101] 钟泽胜. 中国教育财政投入政策研究 [J]. 山东社会科学，2008（1）：
129-133.

[102] 周国军. 教育竞争的经济学审视 [J]. 金陵科技学院学报，2007（3）：
52-55.

[103] 周继红，吴仲斌. 论兼顾效率和公平的基础教育供给方式 [J]. 当代财

经，2004（10）：38-41.

[104] 周义生. 论我国教育有效供给的原因与对策 [J]. 现代企业教育，2008
（9）：181-182.

[105] 宗占国. 美国高等教育投入体制对我国高等学校办学经费来源多样化的启
示 [J]. 吉林师范大学学报：人文社会科学版，2004（12）：102-105.

[106] 杨世忠. 高等教育成本研究专辑 [C]. 北京：中国财政经济出版社，2010.
43-52.

[107] 郭瑞萍. 我国农村公共产品供给制度研究 [D]. 西北农林科技大学，
2005：115-122.

[108] 石绍宾. 城乡基础教育均等化供给研究 [D]. 山东大学，2007：35-50.

[109] 王磊. 公共产品供给主体选择与变迁的制度经济学分析 [D]. 山东大学，
2008：54-58.

[110] CHEVALIER A. Mearsuring Over-Education [M]. London：Blackwell
Publishing，2003：509-531.

[111] POLACHEK S W. Research in Labor Economics [M]. Connecticut：
JAI Press Inc. ，1998：284-289.

[112] ANGRIST J. Long-Term Educational Consequences of Secondary School
Vouchers：Evidence from Administrative Records in Columbia [J].
The American Economic Review，2006，96（6）：847-862.

索引

后记

随着知识经济时代的到来，各国政府对教育的重视程度越来越高。作为一个发展中国家，我国正处于迈向现代化的进程中，选择何种教育发展战略，就成为制约和影响我国现代化能否顺利实现的主要条件。基础教育以提高整个国民素质为目标，是整个国民教育的基础环节，其根本使命在于促进人的早期发展，并为人的持续发展奠定基础。高等教育承担着人才培养的重要职责，是现代经济发展的智力源泉，是提升现代国际竞争力的主要支撑。教育公平是和谐社会的基石，既关系着全国绝大部分群众的切身利益，也关系着国家和地区的经济社会发展，还关系着人心向背。如果教育失去了公平，我国建设和谐社会的能力将受到极大的损害。教育的效率问题也同样重要，教育资源的稀缺是当今全球性的问题。在教育需求与供给一定的条件下，如何优化资源配置，使教育资源得到充分而有效的利用就显得尤为必要。在教育的重要性日益凸显的背景下，本书不但探究基础教育的供给问题，也探究高等教育的供给问题；不但分析教育供给的公平问题，也分析教育供给的效率问题。

本书是在我的博士论文的基础上修改而成，从题目的选定开始便得到恩师王玉霞老师的悉心指点。选择这个题目一方面是因为我在学校任教，对教育问题比较感兴趣，另一方面也是因为教育和每个人的生活都息息相关。读本科的时候，为我们讲授西方经济学课程的就是王玉霞老师，当年是她以独特的讲课魅力把我带进了经济学的乐园，后来又是她带着我在经济学的知识海洋里遨游。每次我向王老师求教，她总是能直中要害，耐心地解答我百思不得其解的疑惑。王老师不仅向我们传授知识，而且还关心她的每一个学生，虽然她总是很忙碌，但总是在学习和生活上帮助我们。我很庆幸自己能够成为王老师的学生，当别人听说我是王老师的学生时都羡慕不已。而我心里却惴惴，唯恐辱没了老师的声誉。

在读博的这五年中，我收获很多。首先是有幸能够聆听王玉霞、张凤林、段鹏飞等老师的精彩授课，他们渊博的知识和严谨的治学态度深深影响着我，激励着我不断努力学习。其次是结识了王婧、朱艳、刘广彬等同学，他们在我毕业论文的写作过程中给予很多的帮助，将他们在论文写作中的经验毫不保留地与我分享。由于自己一边工作一边攻读博士，时间和精力都很有限，因此在论文写作中要付出比别人更多的努力。在这一过程中，我不断地在痛苦和快乐之间往复徘徊，会因为在写作中遇到困难而痛苦地绞尽脑汁，也会因为取得了微乎其微的进步而兴奋不已。虽然在旁人看来也许这些进步不值一提，但对我来说却是在向完成毕业论文这一目标前进过程中的不断积累。

在我为了毕业论文而努力的时候，我的母亲总能给我最及时的帮助。当我失去信心的时候，她会鼓励我，让我看到自己的进步；当我松懈的时候，她又会督促我，让我不至于虚度光阴。为了节省我的时间以用于学习，她毫无怨言地承担了我生活中的一些琐事。母亲的帮助是我艰难的求学之路上的一盏明灯，使我坚定不移地向着目标前进。我的另一半张弛，虽然因为我要将大量时间用于毕业论文写作而不能陪他，但他总是默默地支持我，为我解答论文写作中电脑应用方面的问题，在我写到苦闷的时候安慰我，在我取得小进步的时候和我一起开心，和我分享求学日子里的喜乐哀愁。在本书即将出版的时候，他还牺牲了休息时间，为我做了大量后期工作。

　　我深知这本书还存在很多不足，但是为了它我付出了辛勤的汗水，尽了最大努力。希望本书能够抛砖引玉，为其他研究中国教育问题的人士提供一点资讯。

作　者

2016 年 3 月